U0822633

你不可不知的

西方画家及其作品

古典与现代的激烈碰撞

王月亮◎著

中国法制出版社
CHINA LEGAL PUBLISHING HOUSE

图书在版编目 (CIP) 数据

你不可不知的西方画家及其作品.古典与现代的激烈碰撞/王月亮著.—北京：中国法制出版社，2019.10

ISBN 978-7-5216-0575-4

Ⅰ.①你… Ⅱ.①王… Ⅲ.①画家—生平事迹—世界—中世纪 ②油画—作品集—世界—中世纪 Ⅳ.①K815.72 ②J233

中国版本图书馆CIP数据核字(2019)第220522号

策划编辑：李 佳（amberlee2014@126.com）

责任编辑：李 佳 黄一迪　　封面设计：汪要军

你不可不知的西方画家及其作品.古典与现代的激烈碰撞

NI BUKE BU ZHI DE XIFANG HUAJIA JI QI ZUOPIN. GUDIAN YU XIANDAI DE JILIE PENGZHUANG

著者/王月亮

经销/新华书店

印刷/廊坊一二〇六印刷厂

开本/710毫米×1000毫米 16开　　印张/13.25 字数/146千

版次/2019年10月第1版　　2019年10月第1次印刷

中国法制出版社出版

书号 ISBN 978-7-5216-0575-4　　定价：48.00元

北京西单横二条2号 邮政编码100031　　传真：010-66031119

网址：http://www.zgfzs.com　　**编辑部电话：010-66038703**

市场营销部电话：010-66033393　　**邮购部电话：010-66033288**

（如有印装质量问题，请与本社印务部联系调换。电话：010-66032926）

序

Preface

1601 年，意大利传教士利玛窦来到北京，把欧洲油画带到了中国。利玛窦在呈送明神宗皇帝的表文中说：“谨以天主像一幅，天主母像二幅，天主经一本，珍珠镶嵌十字架一座……奉献于御前。物虽不腆，然从极西贡来，差足异耳。”

利玛窦可视为将西画传入中国的第一人。此后，包括油画在内的各类西方绘画通过西洋舶来品，渐渐由宫廷传入富人阶层和民间作坊，对中国雕塑、刺绣、彩绘、泥金、漆艺、镶嵌等艺术领域均产生了影响。

在绘画方面，中国自 19 世纪起，学西画者渐众。

清同治年间，上海天主教会创办了土山湾画馆，成为“中国西洋画之摇篮”。

辛亥革命前后，在维新派“欲开民智，非讲西学不可”的观念影响下，许多画家不远万里奔赴日本、西欧和美国学习西洋绘画，李铁夫、李叔同、吴法鼎、徐悲鸿等都是其中的佼佼者。

现在，西方绘画，尤其是油画，于国人已是司空见惯，除在各地美术馆、博物馆、艺术区中展出，很多作品还被广泛印在各类装饰画、宣传页、广告、书籍、T 恤上。各种油画、素描培训机构则为人们进一步了解并学习西方绘画提供了便利。但凡对美术略知一二的人，都知道凡·高和他的“向日葵”，也知道达·芬奇和他的“蒙娜丽莎”，毕加索和他画作中那些抽象的人物形象；而对西方美术史有些了解的人，大概还会知晓蛋彩画、湿壁画、印象派、立体主义、抽象主义、波普艺术等是怎么回事。

然而，达·芬奇为什么要画蒙娜丽莎？

凡·高是荷兰最伟大的画家吗？

印象派除了凡·高还有哪些绘画大师？

抽象主义从何而来？

毕加索究竟属于什么画派？

为什么卡拉瓦乔的画“一片漆黑”，而提香的画一片“金黄”？

西方绘画为什么从写实走向了抽象？

肖像画是什么时候出现的？……

在追溯这些问题时，我们会发现，在凡·高、达·芬奇、毕加索这些绘画巨匠的背后，是西方绘画恢弘的历史。

历史的车轮时而缓慢前行，时而极速奔驰。发生在14—16世纪的欧洲文艺复兴，对西方绘画而言就是一场燎原之火——正是它，将西方绘画从中世纪的沉闷呆板中解放出来，赋予了绘画生动的情感与鲜活的色彩。在文艺复兴之前，西方的画家多寂寂无名；而自文艺复兴的先驱者之一乔托始，西方绘画艺术大师迭出，各领风骚。

数百年来，西方绘画从幼稚、生硬渐渐走向成熟，不断创新；绘画艺术的中心也由意大利的佛罗伦萨转到法国的巴黎，再转到美国纽约，几经变迁。其间，涌现出大量在艺术史上熠熠闪光的天才，如乔托、马萨乔、保罗·乌切洛、波提切利、弗朗切斯卡、达·芬奇、米开朗琪罗、拉斐尔、荷尔拜因、提香、卡拉瓦乔、伦勃朗、德拉克洛瓦、马奈、德加、凡·高、高更、门采尔、蒙克、鲁奥、杜尚、波洛克……这些天才画家，都是引领西方绘画不断创新的变革者，用他们的天赋与勤奋定义了新的美，开辟出新的绘画领域和新的艺术手法。而围绕着这些天才人物及他们的创作风格、主要创作地等，佛罗伦萨画派、威尼斯画派、洛可可艺术、巴洛克艺术、卡拉瓦乔主义、巴比松画派、印象主义、至上主义、抽象主义、达达主义、超现实主义等流派应运而生。

伟大画家的出现并非偶然，影响一个时代的画派和传世名画的诞生，也往往有着深刻的历史背景。

绘画是一门视觉艺术，欣赏一幅绘画作品具有很大的主观性，但如果我们能了解整个西方绘画发展的大体脉络，能了解画家生活的时代背景，并了解画家的生平故事，无疑可以帮助我们更好地理解一幅画的内涵。比如，了解这些之后，我们就能明白：

“蒙娜丽莎”为什么会风靡全球？

米开朗琪罗究竟伟大在哪里？

印象主义、抽象主义、达达主义等现代画派由何而来？

为什么凡·高能画出如此炫目的向日葵？

为什么高更会与塔希提结缘？

那些看起来仅有几条线、几片颜色的画作为什么能够被称为艺术？……

《你不可不知的西方画家及其作品》正是为这些问题而创作的，旨在为非艺术专业的读者以及艺术专业初入门者梳理出西方绘画的发展脉络，让读者对西方画家、西方绘画名作及整个西方绘画史有一个大致的了解。

本套书是笔者在查阅了大量西方美术史和画家传记的基础上撰写而成的，按时间顺序，共分为四个部分。

第一部分主要介绍了13世纪至15世纪文艺复兴早期的杰出画家及其重要作品。这一时期，意大利是整个西方的艺术中心，先后形成了佛罗伦萨、罗马、威尼斯等艺术圣地。尤其是作为欧洲文艺复兴运动发祥地的佛罗伦萨，更是人才辈出，堪称绘画大师的摇篮，被誉为文艺复兴“画坛三杰”的达·芬奇、米开朗琪罗和拉斐尔均诞生于此地。与此同时，位于欧洲西北部的尼德兰低地也正在形成自己的艺术，出现了康平、韦登、博斯、老彼得·勃鲁盖尔等绘画巨匠。

第二部分主要介绍了西方16世纪至19世纪上半叶的杰出画家及其代表性作品。这一时期，在前辈大师的基础上，西方的杰出艺术家们发展出了样式主义、巴洛克艺术、洛可可艺术、卡拉瓦乔主义、浪漫主义、新古典主义、现实主义等不同风格的艺术。意大利仍是艺术家的朝圣之地，但已失去其艺术中心的地位。

第三部分主要介绍了19世纪下半叶至20世纪初期的杰出画家及其代表性作品。这一时期，法国巴黎已然成为新的世界艺术中心，名声大噪的“印象派”就诞生于此。马奈、莫奈、毕沙罗、德加、塞尚、高更、凡·高、雷诺阿、修拉、卡萨特……这些如雷贯耳的画坛大师皆与印象派有关。与此同时，象征主义、超现实主义、表现主义等全新的艺术风格也正悄然兴起。

第四部分主要介绍了西方自20世纪以来的主要现当代艺术家及其重要作品。这一时期，艺术流派纷呈，大师辈出，涌现出了立体主义、抽象主义、抽象表现主义、达达主义、至上主义、未来主义等艺术风格与流派。世界艺术中心渐渐从法国转向美国。

有别于艺术理论类书籍和专业的艺术史教材，本套书采取的是“纪传体”写作，即通过讲述画家们的独特的人生经历和创作的故事等，力求生动地呈现出他们及与其相关的画派在当时的影响和艺术史的变革中的作用等。毕竟，历史归根结底是人的历史，漫长的西方绘画史，也是由一个又一个的画家及他们的故事连缀而成的；而画家们的杰出作品，则像满天星辰，在浩瀚的艺术之空闪耀。

目录 *Contents*

西班牙样式主义绘画的佼佼者
——格列柯

画家：埃尔·格列柯（El Greco，约 1541—1614）
国籍：西班牙
代表作：《托莱多风景》
类型：布面油画
艺术风格：样式主义

"不打算让人们喜欢我的性格"

1566 年冬日的一天，一艘轮船从爱琴海最南端的克里特岛出发，绕过地中海大大小小的岛屿，自南向北航行。船上的乘客身份各异，其中有一个 25 岁的年轻人，他的名字叫多米尼加·泰奥托科普利奥斯——一个典型的希腊人名字。多米尼加是一个画家，在克里特已经小有名气。然而，克里特不能满足他，这座面积达 8000 多平方公里、曾经创造了灿烂的米诺斯文明的岛屿，过去的辉煌已经不再，数千年来，在经历了繁荣、衰落及异族入侵后，如今它成了威尼斯共和国的一部分，要倚赖威尼斯的力量一起对付土耳其的入侵。

多米尼加在船上回首时向岸上眺望，建造于数千年前的米诺斯宫遗址模糊地浮现在他眼前，他对故乡充满深情，但不甘一辈子就待在这个窄小的世界，画老师们传授给他的拜占庭风格的“圣像绘画艺术”。他要去威尼斯，去那个诞生了乔尔乔涅、提香、丁托列托的水上世界，近距离学习文艺复兴大师们的杰作。没有什么可以阻挡多米尼加的步伐，他画了一幅画，拍卖了一笔旅费，然后就简单收拾行李离开了克里特岛，此后再也没有回来。

一个多月后，多米尼加来到了威尼斯。岛上用青铜铸着许多飞狮，这是威尼斯的象征。他一到这里就开始在大街上转悠，近距离研究著名的建筑、广场和大师们的绘画杰作。经过一番努力，多米尼加如愿以偿进入了提香和丁托列托的绘画工场，得以跟随他所敬仰的两位大师学习绘画技艺。

多米尼加很有天赋，很快就将提香和丁托列托的作品临摹得惟妙惟肖。当然，临摹只是学习的过程，和创作完全是两码事。多米尼加的作品是他这些年来所积累的知识与技巧的综合，他将他人的经验转化为自己的知识，然后尝试融合希腊艺术和文艺复兴艺术，创造出别具一格的作品。如《圣母安息》《牧羊人的崇拜》等，是他早期的代表作。

多米尼加对自己的作品还算满意，渴望能有一次施展才能的重要机会，然而这个机会迟迟不来。当时，威尼斯的绘画市场几乎被提香、委罗内塞、巴萨诺等人垄断了，根本没有人在意年轻的克里特画家。

在威尼斯客居三年后，多米尼加带着失望再度启程。在持续了数月的旅行后，他抵达了取代衰落的佛罗伦萨、业已成为意大利政治与文化中心的罗马，期待在这里找到安身之处。正是在罗马，多米尼加有了一个新的名字——“格列柯”，意为希腊人。

罗马作为一个国际化大都市，有着许多外国人。多米尼加原以为自己可以很好地融入这里，不承想彻底打错了算盘。他主张的“色永远重于形”的创作思想与罗马艺术家所奉行的“形重于色”的思想背道而驰，这使得他难以融入罗马的艺术圈。而另一个使他在罗马难以待下去的原因与他本人的性格有关——他年轻气盛、性格耿直，绝不曲意逢迎任何人，当他在西斯廷教堂看到米开朗琪罗的壁画之后，他直言不讳地说：**“米开朗琪罗肯定是位伟人，但他不知道如何画画！他的构图无与伦比，但就我看来，他对色彩了解得不多！”**

格列柯的这一席话让他在罗马的绘画朋友感到震惊。他的朋友好心提醒他，在评价米开朗琪罗时应当注意措辞，尤其作为外国人，只有性格温和才能在罗马开展事业。对此，格列柯却直截了当地回答道：**“我并不打算让人们喜欢我的性格，而是喜欢我的艺术。”**

格列柯力图用自己的艺术征服罗马。当他来到罗马之际，正遇上教会决定聘请一群画师扮演裁缝和设计师，为米开朗琪罗画的裸体人物穿上“内裤”。为此，教皇特地召集了罗马城的知名画家到法尔内塞宫商议此事。格列柯不喜欢“裁缝”的角色，于是大胆向教皇提出，应该彻底将米开朗琪罗的壁画从墙上抹去，然后由他来创作一幅全新的作品，并声称米开朗琪罗对色彩一无所知。

格列柯的此番言行彻底激怒了罗马画家。米开朗琪罗的崇拜者们用语言围攻他，并愤怒地将他赶出了法尔内塞宫。

不应该奉承顾客的品位

在离开罗马之后，格列柯在意大利又漫游了几年，最后一路向西，来到了位于西班牙中部的托莱多城。

托莱多是一座建在巨大岩石山上的城市，比威尼斯和罗马要小许多，在西班牙迁都马德里之前，这里曾是这个新兴国家的首府所在地，不过当格列柯来到这里时，它已失去政治中心的地位，但仍生活着大量的贵族和有钱人。

格列柯之所以会突然来到托莱多，纯属偶然。那一年，他在罗马因为批评米开朗琪罗的艺术而陷入孤立时，邂逅了一个名叫唐·路易斯·德·卡斯蒂利亚的陌生人，这个人是托莱多大教堂首席牧师唐·迭戈的儿子，正是他提议格列柯去托莱多发展，并说格列柯的艺术一定会在西班牙受到欢迎。

格列柯一开始并没有接受这个好心人的建议。在那个舟车不便的年代，西班牙对于格列柯来说太过遥远。不光如此，当时西班牙刚脱离阿拉伯人统治不久，16世纪上半叶，在查理五世治理下，这里的艺术曾一度迎来繁荣，但1556年，国家政权落到腓力二世手上，这个保守的君王要求艺术首先为巩固帝国服务，使得西班牙的土壤变得根本不适合真正的艺术家生长。格列柯不愿意贸然去西班牙还有一个原因，就是那里的宗教裁判所声名狼藉，是世界上最严厉的异端裁判所，同时，兼任大裁判官的红衣主教与皇帝勾结起来，利用宗教裁判所镇压反抗的人民和异己势力，使得宗教裁判所成了臭名昭著的恐怖机构。对此，西班牙人无不闻风丧胆。

然而，数年后，当唐·路易斯·德·卡斯蒂利亚再度向格列柯发出邀请，希望格列柯可以去装饰他父亲在其母亲坟上建造的教堂时，格列柯却欣然前往。这是他有史以来接到的最大订单，他既然在意大利处处受挫，就有理由去这异国他乡冒一次险。

初到托莱多时，格列柯一切顺遂：他顺利完成了旧圣多明戈教堂订单，并得到了1000达克特的酬金；他的艺术很快受到了不少西班牙贵族、艺术家和学者的追捧，新的订单源源而来；此外，他还收获了爱情，并在不久后有了可爱的儿子。

此时，格列柯已经30多岁，他的艺术已渐趋成熟，克里特岛上的希腊艺术、圣像艺术，威尼斯的色彩，米开朗琪罗的形体……从前辈那里所学到的绘画技艺被他完美地融合在了一起。他用思想驾驭画笔，用充沛的感情支配画布，创作出了一系列带有强烈个人风格且充满灵性的作品。

格列柯《掠夺圣袍》

在西班牙，如果说格列柯为旧圣多明戈教堂创作的《圣三位一体》《圣母升天》等早期绘画气氛比较宁静，仍带有明显的意大利风格，那么他为托莱多大教堂创作的《掠夺圣袍》则代表了他创作风格的急遽蜕变——身着红衣的基督被黑压压的人群包围，基督面露奇异表情仰望天国，双手被缚、面色苍白，他的身边是身披精美甲胄、神情忧郁的武士，穿绿袍的、正撕扯他衣服的刽子手，还有正往十字架上钉钉子的人，观望的人群及悲伤的圣母马利亚……在这幅油画中，人物被故意变形拉长，青白光线得到运用，通常的横式画面被直式画面所取代，构图上还采取向上发展的空间处理法——而所有这一切技法的运用，都是为了让人群将耶稣基督推向观众，向观众传达巨大的悲剧力量。

《掠夺圣袍》被视为一幅古今杰作，完成这幅画时格列柯 38 岁。这幅画为格列柯带来了巨大的声誉，同时也给他带来了巨大的麻烦。当时西班牙暴发了传染病，收成也不好，国家贫穷且资源匮乏，托莱多大教堂因为不愿意支付 900 达克特的高昂报酬而要求司法介入，对《掠夺圣袍》一画重新进行估价。为了降低这幅画的价钱，托莱多大教堂的委托人还声称该画出现了污秽内容，扭曲了圣经故事，要求格列柯按照他们的规定对作品进行修改。格列柯在这一事件上态度坚决，显示出他倔强的天才气质和绝不向顾客低头的自负性格。他说过一句话："你不应该奉承顾客的品位，相反，培养他们的欣赏水平是艺术家的责任。"最终，《掠夺圣袍》一笔未改进入了托莱多大教堂，因为所有人都觉得对这幅画做出一丁点改动都会降低它的艺术价值。

无缘宫廷画师

《掠夺圣袍》为格列柯带来了巨大荣誉，格列柯的名声从托莱多一直传到了马德里。1580 年，格列柯受王室委托创作了《崇拜基督》，这幅充满幻觉与主观色彩的杰作得到了国王的青睐，于是次年，腓力二世又交给了格列柯一项可以增加他荣耀的任务——为埃斯科里亚尔宫创作一幅关于圣莫里斯和底比斯军团的画作。

埃斯科里亚尔宫是整个西班牙的中心，是 1557 年西班牙军队占领法国圣康坦后腓力二世为向圣徒致敬所修建的庞大建筑群，它被建成曾经烧死了圣洛伦索的铁箅子形状，共由 14 个庭院构成，包括教堂、修道院、宫殿、陵墓、神学院、医院等，拥有一个大圆顶的大教堂位于整个建筑群的中心。这一建筑群的规模为欧洲罕见，光走廊连接起来就有 16 千米长。好大喜功的腓力二世为张扬帝国的威严，耗费了上亿的金币来建造这座宫殿，使它成为当时的“世界第八奇迹”。

能为埃斯科里亚尔宫作画是格列柯的一大梦想。格列柯觉得自己梦寐以求的成功终于快要到来了。他想，只要他的作品能得到腓力二世的欢心，那么他就不必在宗教审查如此严厉的国度再度遭遇《掠夺圣袍》事件中被起诉，甚至被判为有异教倾向的忐忑与不安，他的收入、他的前程从此就有了保障。

然而，在为国王作画时，天才的自负却再度占了上风。格列柯完全无视国王订画时说得明白无误的尺寸和要求，只凭自己的感觉来创作，但为创作《圣莫里斯的殉道与底比斯军团》这幅画，他使出了浑身解数，已经尽可能将它画得最好。

1584 年，格列柯亲自带着这幅新鲜出炉的画作乘坐马车来到马德里。灰色的埃斯科里亚尔宫离他越来越近，他的心怦怦直跳。令他沮丧的是，这幅画受到了冷遇——西班牙宫廷要的是那种符合固定程式、能彰显帝王权威的图画，而不是一幅充满灵感与艺术价值的艺术品。

格列柯想要成为宫廷画师的梦破碎了。

格列柯对西班牙失望透顶，此时的心情，用美术史论家芬克斯坦的话说：“**在埃尔·格列柯看来，周围的整个世界都在崩塌。**”可是，除了回到托莱多，回到这座曾经作为西班牙首都的城市，他还能去哪儿呢？克里特已经回不去了，他离乡太久，回去了也会被当作异乡人。威尼斯和罗马也没有希望。而托莱多，至少还有他的家人，至少还有许多渴慕他作品的人。

宁可贫穷而死，绝不庸俗而活

当格列柯带着艰难的心境重新回到托莱多，他对曾经幻想的生活彻底死了心。不过这也有好处——死心令他安心，让他疲倦，让他不再四处奔波。他将托莱多视为第二故乡，将创作视为支撑他活下去的动力，在绘画中不竭地探索着新的技法、新的可能性。

此时，整个西班牙正在经历着贫穷与内忧外患：独裁的国王和受人民爱戴的总理所代表的势力像两条大蛇纠缠扭打不休；宗教裁判所的大裁判官借助手中的权力疯狂戕害异己，并不断加强自己的权力，还因为有意削弱教皇在西班牙的权威而与罗马教廷结下了梁

格列柯《奥尔加斯伯爵的葬礼》

子；受野心驱使妄想统治整个欧洲的腓力二世在对英国、荷兰和法国的战争中节节失利；民众开始暴动；有钱人纷纷逃离，而瘟疫却接踵而至……

外面的世界动荡多变，格列柯却年复一年待在托莱多作画，瘟疫和疾病夺去了他一些亲友的生命，此外他的生活似乎没有太大变化。他住在豪华的大院落里，雇来一支乐队为他演奏，那些欣赏他画作的人不断登门拜访。格列柯的作品是如此与众不同，只要看一笔就可以分辨，稍微有点钱的人都想借助这位天才之手流芳百世。

在年复一年的创作中，格列柯渐渐老去，他的眼角爬上皱纹，开始秃顶，胡须也变得斑斑驳驳。而《奥尔加斯伯爵的葬礼》《圣马丁与乞丐》《使徒彼得和使徒保罗》《揭开第五印》等杰作却一幅接着一幅诞生，这些画作每一幅都充满灵性，有着极高的艺术价值。

创作这些绘画令格列柯感到满足，因为他通过灵动的色彩、暗藏的符号表达了他想要表达的一切——爱情、激情、愤怒、同情、对自由的向往、对光明的追求、对独裁与专制的控诉、与黑暗的对抗。而这一切，在他所生活的弥漫着白色恐怖气息、到处都是告密者、动不动就以异教徒之名将人关进大牢里折磨或送上火刑架的国度，是绝不可能用语言表达、绝不可以和朋友交流的。

格列柯没能靠他的天才大富大贵，但在创作绘画的过程中获得了自由，获得了精神胜利。然而他的敌人始终没有放过他，宗教裁判所的大裁判官始终视格列柯为精神上的危险分子，总是怀着阴暗的心理想要除掉他。一天，在与伊列斯卡斯医院签订一份绘画合约时，格列柯落入了对方故意设下的陷阱，这份合约规定医院有权单方面雇评估师评估格列柯作品的价值。画作完成后，医院方找来水平很差、小肚鸡肠、因为嫉妒格列柯的才华而对他怀恨在心的画家来评估格列柯的作品，他的估价令格列柯愤怒不已，因为这笔钱连支付已经预支的材料费都不够。

接下来是漫长的诉讼。这场诉讼一直没有结果，它耗尽了格列柯的金钱和精力。格列柯一下子变穷了，四处都是催债的人。雪上加霜的是，因为官司还未结束，格列柯被禁止接教会的订单，因而被扼断了经济来源。

在坚决对抗了数年之后，格列柯撑不下去了，最终选择了屈服，接受了那低得令人难以置信的报酬。然而此时，为了给他致命一击，大裁判官却派人前来征税。格列柯出奇愤怒，大叫着将这群收税的人赶了出去：**“告诉那些派你来的人，绘画是高雅的艺术，它不上税。”**

随着腓力二世的去世、新国王的继位，大裁判官开始蠢蠢欲动，宗教裁判所在四处抓人，格列柯有一些好友就不幸丧生于宗教裁判所大裁判官可怕的魔爪之下。时局的动荡，妻子的离世，无不冲击着格列柯的内心。他老了，勇气尚存，却没有了力量，既没有力量再去爱，也没有力量再去对抗。

一个冬夜，格列柯走出托莱多城，爬上阿尔坎塔拉桥对面的山丘，俯瞰脚下这座生活了大半辈子的城池，往事一一浮现在眼前。回到家后，格列柯提起画笔，画下了《托莱多风景》。画中的城市被一种粗犷的力量所主宰，蓝、绿、黑组成的阴冷色调使它充满恐怖色彩，连空中动荡的流云都给人一种骚乱不安、凄楚萧瑟的感觉。它是画家内心的写照，也是西班牙危机时代的真实写照。

格列柯《托莱多风景》

在那个危机重重、四处都是危险的国度，格列柯难得地活到了 70 岁高寿。他晚年时的作品越发变形夸张，充满骚动气氛。

在生命的最后时期，格列柯创作了《拉奥孔》，描绘的是拉奥孔在垂死之时与毒蛇对话的场景。从来没有人像格列柯这样将拉奥孔描画得如此悲壮。这悲壮画面背后的城并不是特洛伊，而是托莱多，那仰面朝天的拉奥孔的脸恰是格列柯自己的脸。格列柯的这幅作品像一面镜子，既照出了危机四伏的西班牙，也照出了压抑痛苦的他自己。

1614 年，73 岁的格列柯精疲力竭，走到了生命尽头。他在生前未能获得恩宠，死后却在 20 世纪被公认为表现主义及立体主义先驱。他的一生，正如诗人巴洛米奥所写的那样：**“克里特给了他生命，托莱多给了他画笔，他找到了最好的乐土，在这国土上他将死去，也将得到永生。”**

格列柯《拉奥孔》

无法无天的画家

——卡拉瓦乔

画家：米开朗琪罗·达·卡拉瓦乔（M.da.Caravaggio，1571—1610）

国籍：意大利

代表作：《圣马太蒙召》

类型：布面油画

艺术风格：样式主义

罗马城的街头画师

16 世纪末，在达·芬奇、拉斐尔、米开朗琪罗、提香这些大师相继去世后，命运又为意大利送来了一位画坛奇才——卡拉瓦乔。

卡拉瓦乔诞生于 1571 年，原名米开朗琪罗·梅里西，卡拉瓦乔这个名字的由来和“达·芬奇”的来历一样，取自他曾经生活过的地方的名字。他的父亲费尔莫·梅里西曾是卡拉瓦乔镇弗朗切斯卡·斯福尔扎侯爵的石匠工头、建筑师、建筑设计师及管家，长期在米兰工作，与侯爵一家关系不错，在镇上颇受人敬重。卡拉瓦乔的父母结婚时，侯爵曾亲自参加他们的婚礼。

如果不是发生在1576年的那场灾难，卡拉瓦乔兴许会在这样一个新兴的中产家庭里健康成长，但1576年，一场可怕的瘟疫彻底改变了他的命运。他的祖父、父亲和叔叔都死于这场瘟疫，只留下他的母亲独自抚养几个年幼的儿女。或许正是这样的遭遇，为卡拉瓦乔日后容易冲动和易怒的性格埋下了隐患。

1576年后的一段时期，卡拉瓦乔的人生履历一片空白，无人知道这些年他究竟经历了什么。卡拉瓦乔是时隔8年后突然出现在米兰的，根据他与米兰著名画家西蒙·彼得扎诺签订的合同来看，他当时在这位画家的画室里当学徒。

西蒙·彼得扎诺是提香的学生，因为卡拉瓦乔这位伟大的学生而为人所知，而他自身却才华平平，作品毫无出奇之处。卡拉瓦乔在西蒙·彼得扎诺门下当了4年学徒，学到了绘画的基本技能，随后就开始了独立谋生的生涯。此后数年，他一直奔波于米兰和卡拉瓦乔镇，忙着挥霍钱财、四处滋事，然后清还欠债、处理纠纷。母亲去世后留给他的遗产很快就被他花光了。

1592年，21岁的卡拉瓦乔只身来到了罗马。

当时的罗马是一座刚刚经历了瘟疫和饥荒的城市，富人们积极享乐、粉饰太平，流浪汉、乞丐、贫民、妓女、盗匪却挤满街头。卡拉瓦乔一开始倚靠一些熟人的关系在罗马勉强为生，他曾在街头卖画，也曾在画家洛伦佐·西斯里阿诺及切萨里的画室里当助手。总之，他的生活居无定所、充满混乱。这一时期，卡拉瓦乔绘画创作中的人物是他最为熟悉的罗马下层的民众，如他创作于1596年前后的《老千》《女占卜者》，呈现的就是纸牌作弊的现场及占卜师为人占卜的场景，人物的动作和表情被描绘得活灵活现，毫无矫揉造作

卡拉瓦乔《女占卜者》

之态，画作内容一目了然。

卡拉瓦乔作画一开始就表现出现实主义倾向，与当时所流行的矫饰主义相对立。他的画作在当时受到上流社会的欢迎。罗马的红衣主教德尔蒙特就非常喜爱卡拉瓦乔的作品。在德尔蒙特的邀请下，卡拉瓦乔得以入驻夫人宫，成为宫里无数画家、雕刻家、歌手及音乐家中的一员。

充满魅惑的少年

入驻夫人宫意味着卡拉瓦乔终于结束漂泊不定的生活，从此拥有了舒适的居住环境和可靠的收入。年轻的卡拉瓦乔深谙人情世故，知道这位新的赞助者是什么样的人，又有着怎样的品位。红衣主教德尔蒙特其人，用佛拉芒作家德克·范·艾梅登的话来形容：**“青年时期的德尔蒙特特别喜欢名声不好的女人，但是随着年龄的增长，他的性注意力又完全转到了年轻男孩身上。”**

因此，在德尔蒙特宫，为迎合红衣主教的喜好，卡拉瓦乔创作出了《捧水果篮的男孩》《音乐家们》《鲁特琴手》这类画作。虽然绘画

卡拉瓦乔《捧水果篮的男孩》

题材不同，但这些画作却有一个共同特征，那就是画中的年轻男子都身体裸露，一个个都充满了魅惑。

《捧水果篮的男孩》一画中的男孩面色红润、充满活力，你甚至能看见他红色嘴唇后面微颤的舌头。

《音乐家们》画的是几个青年音乐家，他们正懒洋洋地做着演奏前的准备，粉红色的嘴唇微微半张，眼神迷离，充满梦幻的同时也充满诱惑。

而《鲁特琴手》的表达更为直接——除了象征爱情的鲁特琴，画家还通过乐谱告诉人们，这位歌手唱的内容是当时流行的一首情歌，其中有一句这样的歌词："你知道我爱你。"画中模特据说是德尔蒙特宫里一名被阉割的男歌手，他的左边放着一瓶鲜花以及一些熟过头的水果和蔬菜，其中有一些是无花果和黄瓜。

除了对同性的迷恋，德尔蒙特主教还痴迷于自然奇迹、逻辑谜题、科学解答及镜子。于是，卡拉瓦乔总是抓住机会在他的画作中表现镜子，如在《抹大拉的皈依》中，圣徒抹大拉左手边巨大的凸面镜被画得十分抢眼，而盾牌画《美杜莎》尽管画在盾牌凸起的一面，卡拉瓦乔却通过一种特殊的绘画方式，使其呈现出一种凹面镜的效果。

红衣主教十分喜爱卡拉瓦乔的油画，还将他引荐给了许多杰出的文化名流和艺术收藏家，如红衣主教费德里科·博罗梅奥、红衣主教阿里桑德罗·蒙塔尔托、银行家奥塔维奥·科斯塔、文森佐·杰士汀尼侯爵等。这些人掌握着当时罗马城的权力和财富，他们从卡拉瓦乔那里预订及购买绘画，还帮助他获得大的订单。

发现光与影

1599 年，通过德尔蒙特的影响，卡拉瓦乔接到了一份大订单——为罗马的法国国家教堂圣王路易教堂的康塔热里礼拜堂画装饰画，限期半年内完工。

这份订单原本签给了卡拉瓦乔的前东家——切萨里，但业务繁忙的切萨里有诸如重修圣约翰大教堂这样的大事要做，在草草完成了穹顶绘画后就开始了无限拖延。圣王路易教堂的教士们没有办法，只好寻找别的艺术家来接替切萨里画他未完成的部分。卡拉瓦乔签订这份订单时，捐款建造礼拜堂的红衣主教马修·考因特瑞尔已经去世，他留下了一份详尽的指示作为合同的附录，以确保艺术家能如他所愿完成《圣马太蒙召》和《圣马太殉难》两幅绘画。

卡拉瓦乔很有天分，但为完成这份订单耗费了许多精力。后人通过 X 光检测，发现卡拉瓦乔并非一次就完成了这两幅画的绘制工作，而是反反复复做了许多修改。一开始，他企图设计出比合同附录所规定的更具挑战性及更为复杂的场景来表现圣马太殉难；尝试失败后，他又开始模仿拉斐尔的风格，然而再一次失败了；后来，他打破固有思维，从现实中寻找灵感，终于创作出了如今人们所看到的版本。

卡拉瓦乔采用的是一种全新的画法，整个画面像是被一束光照亮，有着强烈的明暗对比。人物的动态被定格在某一瞬间，场景中发生的一切不言而喻，观赏者通过画中人的神情和动作就可以明白发生了什么。

卡拉瓦乔对这一技法的运用感到非常高兴，在以后的创作中，他

卡拉瓦乔《圣马太蒙召》

如法炮制，又用同样的画法创作了《圣马太与天使》《基督下葬》《以马忤斯的晚餐》《圣母升天》等一系列作品。这些作品沿用了《圣马太殉难》中强烈的明暗对比，画面定格在某一永恒的运动的瞬间，画中人物也全是市井随处可见的“粗野”之人——流浪汉、农民、渔夫……

卡拉瓦乔的绘画开始走向伟大，然而他前卫、创新的现实主义画风却在当时的画坛引起了重大分歧，一些人开始效仿他的新表现手法；另一些人则完全无法接受他将圣徒描绘得那么庸俗、毫无美感。如《圣马太与天使》的委托者就无法接受卡拉瓦乔将圣马太描绘成一个粗野的农民形象，而《圣母升天》的委托人也是一样，当他看到画中的圣母俨然一个再寻常不过的妇女，并且蓬头赤脚、面有菜色，而围着她哭泣的人也都是些乡野村夫时，一怒之下拒绝了这幅已经完成的作品。

对于人们的这种反应，卡拉瓦乔的表现很分裂——一方面，他渴望得到理解与认可；但另一方面，他又对那些竭力模仿他的人深恶痛绝。

“没有希望，没有恐惧”

作为世界顶尖级艺术家，卡拉瓦乔对绘画艺术的贡献是不可否认的，受到了后人的赞美和敬仰；不过作为一个人，生活中的卡拉瓦乔却是个不折不扣的浑蛋。更准确地讲，他还是一个罪犯！

据一位传记作家记载，卡拉瓦乔总是在画室里待一段时间，然后就带着武器像个职业剑客一般在街上昂首阔步，“没有希望，没有恐惧”是他的座右铭。他脾气暴躁，很容易与人发生冲突——有可能是因为

卡拉瓦乔《圣马太与天使》

观点不一，也可能是为了一名妓女争风吃醋，或者认为他人的言行冒犯了他。这样的冲突到头来总是免不了用武力来解决，此时卡拉瓦乔随身佩戴的剑或匕首就起到了作用。

卡拉瓦乔在警察局留下了一串长长的犯罪记录，但总有人将他保释出来。然而，并非每一次打架斗殴都只是受伤。有一次卡拉瓦乔杀了人，据说被害者是个恶棍，因为一场网球赛的胜负与卡拉瓦乔吵了起来，结果两人间的争吵发展为一场涉及十多人的群殴，最后这个倒霉蛋在混战中被愤怒的画家杀死了。

卡拉瓦乔受到了谋杀指控，并被判处死刑。

罗马当局下令悬赏捉拿卡拉瓦乔归案，而神通广大的画家却在贵人的帮助下逃到那不勒斯，并像一位贵客般在那不勒斯受到上流社会的热烈欢迎。

不久，卡拉瓦乔又去了马耳他，加入了马耳他骑士团。他安分地在马耳他生活了一段时间，可惜好景不长，没多久就因暴力伤害了一位骑士而被投进了一个石灰岩深坑。

从马耳他逃走后，卡拉瓦乔曾到过西西里，后来又突然回到那不勒斯。但这回他不太走运，在一家小酒馆饮酒时受到了突然袭击，脸上被狠狠地捅了一刀。

奇怪的是，在如此动荡的逃亡岁月里，卡拉瓦乔仍创作不断，并且在抵制传统绘画的路上越走越远。他的作品常常表现暴力，而这正是当时身处乱世的卡拉瓦乔所见、所闻、所经历的最真实的生活。

在卡拉瓦乔生命中最后的岁月里，他创作了《提着哥利亚头的大卫》。据说这幅画创作于卡拉瓦乔受刺之后，当时尚未痊愈。画面中，年轻的大卫从黑暗中被一道光照亮，他一只手握着闪闪发光的宝剑，另一只手提着哥利亚的人头。哥利亚大张着嘴，鲜血从脖子上滴下来，大卫作为胜利者却并不高兴，脸上流露出的是苦闷、犹豫和怀疑。有意思的是，据一些研究者称，画中的大卫和哥利亚都是卡拉瓦乔自己。创作这幅画时卡拉瓦乔才 30 多岁，而他作为自画像的哥利亚的面孔却憔悴而沧桑，他左眼肿胀，面露痛苦和恐惧神色。

卡拉瓦乔想要通过这幅画告诉人们什么呢？是想让人们看到他被判处死刑时的样子吗？是怀疑大卫可以真正战胜哥利亚吗？还是在为自己四处被悬赏抓捕的可怜命运感到战栗？

卡拉瓦乔一直在等待赦免的时刻，然而他等不到了。1610 年的夏日，他乘船离开那不勒斯准备前往罗马，小船因风暴被迫在一个小镇停泊，卡拉瓦乔被当地的近卫队逮捕了，但不久即被释放，因为对方抓错了人。然而，因为这一失误，卡拉瓦乔永远追不上那只小船了，而他所有的画作和财产都在船上。为了追回自己的东西，卡拉瓦乔沿着海岸线一路疾走，拼命想要追上那只小船，结果却在途中不幸重病身亡。他永远不会知道，在他死前，罗马当局其实已经完全赦免了他。

卡拉瓦乔的一生放荡不羁，充满传奇色彩，他在当时名声很大，其画作却备受争议。死后，他的艺术激发了整个欧洲画坛的大变革，尤其对巴洛克艺术影响深远，而他本人却在去世后不久即被遗忘了。直到 20 世纪中叶，卡拉瓦乔才重新被发现，被捧上神坛。甚至有人如此评价道：**“坦率地说，卡拉瓦乔的工作标志着现代绘画的开始。”**

弗兰德斯巴洛克风格绘画的代表

——鲁本斯

画家： 彼得·保尔·鲁本斯（Peter Paul Rubens，1577—1640）

国籍： 德国

代表作：《抢劫留西帕斯的女儿》

类型： 油画

艺术风格： 巴洛克风格

安特卫普的宫廷画师

16世纪后半叶，罗马在经历战争、瘟疫和灾荒后开始走向分裂——一面，充斥着底层人生活的暴力和贫穷像一道巨大的创伤裸露在广场和街头；另一面，享乐主义却在教会与有钱的贵族间弥漫开来，这些人的生活极尽奢靡，为满足自身享乐而不惜将大理石、宝石、青铜甚至金子作为建筑材料。正是在这样的背景下，一种全新的艺术风格应运而生——它有别于以往的艺术，呈现出豪华的特色，而且具有浓烈的浪漫主义色彩，极富激情和运动感，表现的语言也具有综合性。这种全新的艺术，被18世纪的古典主义艺术评论家称为“巴洛克”。

巴洛克艺术诞生于罗马，随后很快波及欧洲各地，在17世纪风靡一时。作为欧洲艺术史上极为重要的一种艺术类型，和文艺复兴时期的美术一样，巴洛克艺术的繁盛也是一代又一代艺术大师们努力的结果。鲁本斯就是巴洛克绘画最具代表性的一位大师。

1577年，鲁本斯诞生于德国小城齐根，他的父亲原本是安特卫普的律师，因信奉新教、为逃避宗教迫害而从尼德兰逃到德国。10岁那年，父亲死于异国他乡，鲁本斯随母返回安特卫普，并接受了天主教洗礼，生活重新变得安定。

年少时，鲁本斯因在伯爵家做侍童而受到正统的贵族式教育，他不光精通多门语言，能阅读古希腊罗马原著，还对上流社会的交际和礼仪十分熟悉。后来，受命运的引导，他踏入了绘画的世界，曾先后师从画家维尔哈·希特、亚当·凡·诺尔特、奥托·凡·韦恩等人。1598年，鲁本斯创办了自己的画室，表明他已是一位独立画家。

和天才画家拉斐尔一样，鲁本斯一生顺遂，当他自立门户时，恰逢天主教会纷纷重建之时，由于他是天主教徒，因此订单不断。工作两年后，鲁本斯决定前往意大利游学，一走就是8年之久，直到1608年母亲病重他才回国。在意大利游学期间，鲁本斯在威尼斯潜心研究了提香的色彩和丁托列托生动的构图法及明暗法，随后他又造访了罗马、佛罗伦萨、热那亚等地，达·芬奇、拉斐尔、米开朗琪罗等意大利文艺复兴时期大师们的作品令他心驰神往，他沉醉于这些伟大的艺术遗产中，一遍遍地临摹直至自己完全掌握了这些艺术品的精髓。此外，鲁本斯对意大利当时流行的艺术也十分关注，不论是学院派艺术、卡拉瓦乔的写实主义艺术，还是风格怪异的巴洛克艺术，只要是他所喜欢的元素，他一概学过来，消化吸收后为自己所用。

1609 年，当鲁本斯重新踏上艺术的征程时，他的身份已是弗兰德斯统治者阿尔布雷希特大公和西班牙公主伊莎贝拉的宫廷画师。而就在同一年，他迎娶了心爱的妻子伊莎贝拉·布兰特。拥有美好事业的年轻画家同时也拥有了幸福的家庭，从《与伊莎贝拉·布兰特的自画像》中可以看出他与妻子的美满感情，同时也可看出此时他的画技已十分高超。

为安特卫普大教堂所画的《卸下圣体》是鲁本斯早期的代表作品，画中描绘了浑身是血的耶稣被诸人从十字架上卸下来的悲壮画面，人物形体粗壮、结实、比例匀称，可以看出明显受米开朗琪罗影响，但这幅画的色彩则要比米开朗琪罗的用色精致许多。《卸下圣体》为鲁本斯赢得了巨大声誉，奠定了他在安特卫普首屈一指的地位，但对鲁本斯来说，他真正的艺术生涯才刚刚开始。

最豪华的艺术代言人

成为宫廷画师令鲁本斯衣食无忧，而美满婚姻又给他的生活注入了许多美好情感。作为一个同时拥有美好事业和幸福家庭的男人，鲁本斯得以集中精力静心创作。

鲁本斯不仅技艺绝伦，还有着一副好脾性，因此他本人与他的作品都备受上流社会欢迎，这为他赢来了大量订单。据说鲁本斯的订单常常多得画都画不完，有许多他自己只参与起草，剩下的部分则交给助手们去完成。当然，千万不要小看鲁本斯那些助手——绘画史上大名鼎鼎的老扬·勃鲁盖尔、凡·代克，都曾是他们中的一员。

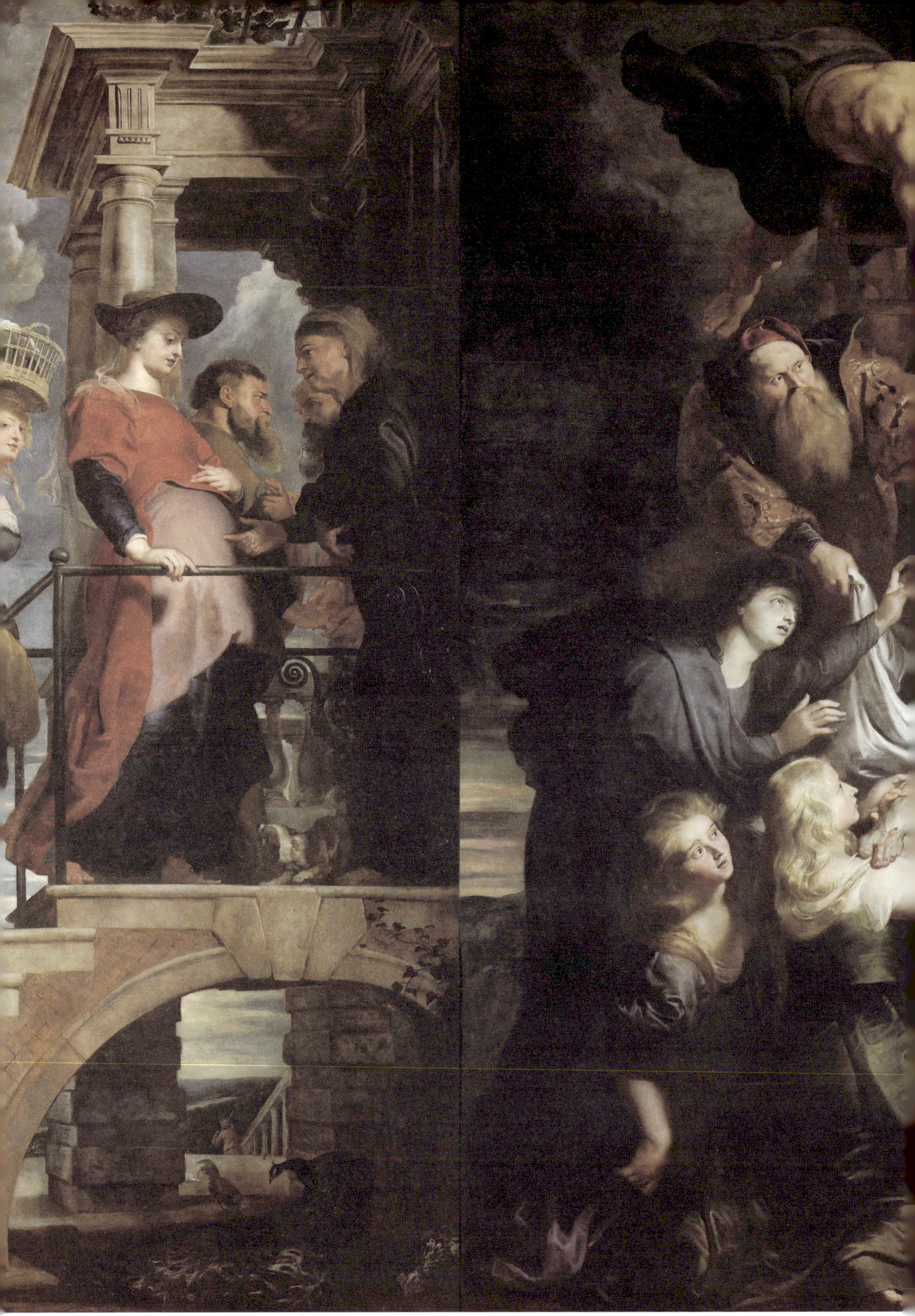

鲁本斯《卸下圣体》

忙归忙，对画家来说，艺术始终高于一切。鲁本斯一边经营繁忙的绘画生意，一边从未间断对绘画的探索与追求。在站稳脚跟数年后，经过不断地摸索和积淀，他终于迎来了创作上的一个关键期，一系列日后被载入画史的伟大作品相继诞生。

《抢劫留西帕斯的女儿》是鲁本斯这一时期的重要代表作品之一，内容取材于古希腊神话故事，讲的是古代迈锡尼国王留西帕斯有两个貌美绝伦的女儿，她们被宙斯之子卡斯托尔和波吕克斯看上了，为得到心爱的女子，宙斯的两个儿子在天刚蒙蒙亮时策马闯入两位公主的寝宫，将其劫掠而走。鲁本斯用丰富饱满的色彩和旋风般充满混乱与动感的画面表现了两位公主被劫时充满紧张的情形。马蹄悬空、马鬃飞扬，马匹仰天长啸的姿态与人物间的施暴与反抗相呼应，共同在画布上演绎了一场狂热的交响曲。

除《抢劫留西帕斯的女儿》，鲁本斯还创作了《最后的审判》《打入地狱》《土地和水的结合》《亚马孙之战》等画面丰富、充满想象力的鸿篇巨制。迈入不惑之年的鲁本斯在创作上渐趋成熟，对表现场面宏大、人物众多、造型复杂、具有强烈运动节奏的绘画得心应手、挥洒自如。

提香的学生丁托列托曾以“将提香的色彩和米开朗琪罗的形体结合起来”作为自己的座右铭，鲁本斯则致力于将意大利文艺复兴绘画的精髓与尼德兰传统绘画相结合。他不仅把提香、丁托列托、米开朗琪罗等大师的精髓学到了手，还保留了尼德兰传统绘画的特征，使其作品色彩绚烂，形体丰满圆润，细部刻画精湛并洋溢着意气风发的活力，同时又显得富丽堂皇，具有极好的装饰性。这样的绘画，在当时十分吻合弗兰德斯宫廷、教会和贵族们的口味。不知不觉中，鲁本斯

鲁本斯《抢劫留西帕斯的女儿》

已然是弗兰德斯绘画界的王者，弗兰德斯到处都是他那有着剧烈运动节奏、充满浪漫情调及热血涌动的绘画，而他本人则成了巴洛克这一豪华艺术的代言人。

世界和平就靠一幅画

鲁本斯生活的时代充满动荡，从未太平。首先是尼德兰人与西班牙统治者持续斗争了半个世纪，1609 年荷兰独立，南方的弗兰德斯则仍处于西班牙与天主教会的控制之下。然而，尼德兰与西班牙刚休战不久，1618 年，三十年战争又爆发了，这场战争原为神圣罗马帝国内部的斗争，后因各国的利益之争火速演变成一场波及整个欧洲的大规模国际战争，瑞典、波希米亚、丹麦、荷兰、法国、苏格兰、英格兰、萨克森、神圣罗马帝国、西班牙、奥地利、巴伐利亚诸国都参与其中，战后日耳曼各邦国人口锐减，战争的惨烈可想而知。

身处这样一个动荡的年代，从 1625 年起，作为画家的鲁本斯常被委以外交大使的使命，被派遣到法国、英国、西班牙、荷兰诸国从事繁忙的外交活动。

鲁本斯说："画画是我的职业，当大使是我的爱好。"他精通各国语言，风度翩翩又才智过人，而他画家的身份，也在他的外交谈判中帮了不少忙。据说三十年战争中，西班牙和英国结盟一事还有鲁本斯的功劳，而《密涅瓦捍卫和平》这幅画则是促成这次谈判的最大功臣。

《密涅瓦捍卫和平》作于 1629 年，画的是戴着头盔的智慧女神、艺术家的保护神密涅瓦驱逐战神玛尔斯的场景，画中破坏女神慌乱地引导战神撤退，和平女神则用乳汁哺乳象征着希望的幼儿，画面一如既往地色彩绚丽、内容丰富并充满澎湃动势，画中女神身材丰满、健硕多肉，是鲁本斯惯常喜欢表现的当时贵妇的形象。画家希望尽快结束战争，还欧洲人民以和平的寓意一目了然。

鲁本斯有不少“外交作品”，其中最为有名的当数他为玛丽·德·美第奇画的一整套大型组画《玛丽·德·美第奇的生平》。

玛丽·德·美第奇来自意大利豪门美第奇家族，是法国国王亨利四世的遗孀。1610 年亨利四世去世，因路易十三年幼，太后玛丽·德·美第奇开始摄政，大权落到了其宠臣手里。数年后，已经长大成人的路易十三与玛丽·德·美第奇之间进行了长达数年的王权之争，玛丽·德·美第奇在争战中落败，差点儿被驱逐，不过在大臣黎塞留的斡旋下，母子二人表面上又和好如初，玛丽·德·美第奇得以返回宫廷继续当太后。玛丽·德·美第奇所在的家族与西班牙统治者有着千丝万缕的关系——她祖母为西班牙贵族，她为路易十三选的妻子则是西班牙公主，她找当时西班牙统治下的弗兰德斯画家鲁本斯为她作画也就不足为奇了。

1622 年至 1625 年间，鲁本斯为玛丽·德·美第奇作画时，太后与国王的王权之争已拉开序幕，玛丽·德·美第奇首战失利，当时正韬光养晦、秘密策划着新一轮的反击。《玛丽·德·美第奇的生平》组画有一些是玛丽·德·美第奇的肖像画，画中的太后雍容华贵，颇具女王气质。此外还有 21 幅以玛丽·德·美第奇生平重要事迹为线索、融合了神话与现实的大型油画，对王太后的一生进行了美化和歌颂，画风极为辉煌奢华，巴洛克的艺术风格被展现得淋漓尽致。

鲁本斯《玛丽·德·美第奇肖像》

回归平静的晚年

外交家和政治家的身份令鲁本斯的生活更为丰富、充实，但鲁本斯内心最渴望的还是画家的生活。年轻时，他既然已经被拴在了宫廷画家的金链子上，有时就有必要做一些“分外”之事，毕竟无论当政客还是当画家，都是为宫廷服务。不过，自 1635 年起，年近六旬的鲁本斯终于告别繁忙的政治生涯，回归画家本色。他在充满田园风光的庄园里重新握起了画笔，而此刻已然功成名就的他不必再为任何人服务，只需要按照自己的内心去作画。他曾在一封信中如此写道：**“感谢上帝，我心平气和地拒绝参加与我本行无关的一切活动已有三年了。”**

巴洛克风格几乎主宰了鲁本斯一生的创作，到晚年时，他的绘画却返璞归真，从奢华走向了朴素和宁静，绘画题材也从宗教画、以神话故事为主题的大型油画转向了描绘家庭幸福生活、描绘农村恬静景象的架上肖像画和风景画。

《海伦娜·芙尔曼肖像》是鲁本斯晚年为第二任妻子海伦娜·芙尔曼所画的肖像画。1630 年，在第一任妻子伊莎贝拉亡故 4 年后，鲁本斯娶了当时年仅 16 岁的美少女海伦娜。虽然年龄悬殊，但这对老夫少妻的婚姻生活十分美满，从鲁本斯所描绘的海伦娜的眼神中可看出海伦娜的幸福。

《海伦娜·芙尔曼及她的两个孩子》是一幅家庭肖像画，这幅画用笔奔放，不做细部苛求，用色单纯，只注意整体和人物情绪的表现，与鲁本斯以往的画风有着很大差异。与《海伦娜·芙尔曼肖像》一样，

鲁本斯《海伦娜·芙尔曼肖像》

它也是鲁本斯晚年幸福生活的写照，不难让人联想到画家用饱蘸爱意的画笔为母子三人写生的情景。

鲁本斯晚年还画了一批出色的风景画，如《有彩虹的风景》《有牛的风景》《田野归来》《牧羊人和羊群》等，他继承尼德兰全景画的特点，将景色描绘得十分开阔优美。

1640 年，在度过数年安详恬静的晚年生活后，一代艺术大师鲁本斯带着一生美好的回忆和崇高的荣誉离开了人世。他的艺术对此后几个世纪的画家都产生了深刻影响，后世许多绘画大师身上都可见到他的影子。对鲁本斯，法国美术史家丹纳如此评价道：**“弗兰德斯只有一个鲁本斯，正如英国只有一个莎士比亚，其余的画家无论如何伟大，总缺少一部分天才。”**

鲁本斯《牧羊人和羊群》

荷兰绘画史上的巅峰

——伦勃朗

画家：伦勃朗·哈门斯·凡·兰（Rembrandt Harmensz Van Rijn，1606—1669）

国籍：荷兰

代表作：《夜巡》

类型：油画

艺术风格：巴洛克风格

莱顿大学的少年天才

1609 年，持续了数十年的尼德兰革命终于告一段落，北方联省与西班牙国王签订《十二年休战协定》，荷兰获得了独立。停战后，荷兰的经济迅速发展，涌现了大批腰缠万贯的巨贾和生活富足的中产阶级，这些新兴的富商和有钱市民很乐意用绘画来装饰他们的住所和办公场所，油画变成商品大量进入市场，并开始分化出肖像画、风俗画、风景画和静物画等独立的绘画科目。对一些画家来说，绘画是一门营生，是谋生的手段，但另有一些画家却视绘画为艺术——伦勃朗就是后一类画家的典型。

伦勃朗1606年诞生于莱顿，父亲是一名小磨坊主，母亲是面包师的女儿，他的父母共孕育了9个子女，他在家中排行老八。伦勃朗没有富贵的出身，却十分聪明，14岁就考上了莱顿大学，在那里学习法律。莱顿大学成立于1575年，是荷兰第一所大学，它创立之初就聘请欧洲各国顶尖级的学者前来任教，如当时欧洲重要的人文主义学者利普西斯、著名法学家多耐吕斯、医学家多多纳斯等，这些著名学者的到来为莱顿大学带来了极高声誉，并使它很快跻身于世界一流大学之林。各国追求学问的年轻人纷纷涌向莱顿大学，荷兰贵族更是近水楼台先得月——历史上的荷兰女王威廉明娜、朱丽安娜、贝娅特丽克丝和当时国王威廉·亚历山大都曾在这里求学。

伦勃朗28岁《自画像》

然而，伦勃朗年少时就表现出了强烈的个性，当发现律师并非自己喜爱的职业时，他果断放弃法律专业，转向了绘画。伦勃朗先在本地找了一名画师学艺，在具有一定绘画基础后，他来到阿姆斯特丹，开始跟随皮尔特·拉斯特曼学习油画。皮尔特·拉斯特曼在当时颇为有名，擅长表现人物的手、脚和脸，其油画深受卡拉瓦乔风格影响。伦勃朗在皮尔特·拉斯特曼的画室没有待太久，很快就以独立画家的身份出来单干了。

一开始，由于竞争激烈，伦勃朗的订单并不多，刚回到莱顿时不得已以教绘画为生。当然，伦勃朗并未停止绘画创作。他早期的绘画具有浓厚的拉斯特曼风，不过画中人物具有雕塑般结实、拙朴的味道，属于伦勃朗自己的风格。从 1628 年起，卡拉瓦乔强烈的明暗对比给了伦勃朗很大启发，他开始追逐“光”在绘画中的表现，对光与色的把握越来越娴熟，并开始逐渐形成自己的特色。

为寻求更好的发展，伦勃朗又离开莱顿去了阿姆斯特丹这座挤满皮货商、香料进口商、奴隶贩子的港口城市。在阿姆斯特丹，富有的市民十分乐意请画师画下他们自己、家人和社团，以此来享受自己的劳动成果。当时，市场上对肖像画的需求量很大，供应此类绘画的专业画师也很多，绘画市场有利可图，但竞争激烈。幸运的是，伦勃朗这名初来乍到的年轻画家很受市民欢迎，因为他不仅能惟妙惟肖地描摹顾客的容貌，对他们的神情和个性的把握也十分到位。不知不觉中，伦勃朗的订单越来越多，名声也越来越大，他就像一颗新星从大批竞争者中脱颖而出。属于他的时代即将到来。

1632！

1632 年是伦勃朗的幸运之年。这一年，26 岁的他创作出了人生中第一幅具有影响力的画作——《杜普教授的解剖学课》。

《杜普教授的解剖学课》是一幅群体肖像油画，画中人物为阿姆斯特丹外科医生行会的成员。当时十分流行这类群体肖像画，画家们画这类题材时往往将人物一字排开，很少有什么艺术构思。伦勃朗则别出心裁，为外科医生行会的群体肖像画设计了一堂别开生面的解剖学课：授课的为阿姆斯特丹最负盛名的外科医生扬·杜普教授，一束光照亮了他的面孔和他面前的尸体，其他人物围在教授身边，表情各异，正认真聆听着教授的讲解。这样的人物安排和光线运用在当时颇具创意，而且由于伦勃朗曾研究过人像学，他对雇主杜普博士授课时微妙的表情也表现得十分到位。《杜普教授的解剖学课》一画不仅得到了杜普教授的首肯，还使得伦勃朗在阿姆斯特丹一举成名。

成名后的伦勃朗好运连连，委托他作画的人蜂拥而至，等待他授课的学生也排起了长队。此时的他不仅赚得盆满钵满，还成功将美少女莎士基亚追到了手。莎士基亚来自富裕的贵族家庭，与伦勃朗结婚时带来了丰厚的嫁妆，令婚后的伦勃朗如虎添翼。从伦勃朗为妻子画的多幅肖像画可以看出，莎士基亚有着端庄的容貌和高贵的气质，同时也可看出她与伦勃朗之间的情深意笃。

1632 年到 1642 年这十年，是伦勃朗一生中最安定幸福的十年，也是他创作上的“黄金时期”。此间，他创作了大量杰出的油画作品，如《画家和他的妻子莎士基亚》《参逊恐吓他的岳父》《达娜厄》《有石

伦勃朗《杜普教授的解剖学课》

桥的风景》《伦勃朗的母亲》等。

除了擅长油画，伦勃朗的版画也造诣颇深。尤其从 1640 年起，他常常到乡村去漫步和作画，创作了许多反映大自然和乡村生活的素描和版画。如他创作于这一时期的《卖灭鼠药的人》，用笔细腻，人物形象十分生动自然，描绘了当时荷兰乡间老鼠成灾，获得官方许可证的卖灭鼠药的捕鼠人带着一只或多只被驯化的老鼠挨家挨户兜售灭鼠药的场景，是一幅颇具现实主义色彩的风俗画。

1642！

1642 年，是伦勃朗生命中的一大转折点，这一转折始于他的一幅传世名画——《夜巡》。

《夜巡》的雇主是阿姆斯特丹射击手连队的成员们，1641 年，他们委托伦勃朗为他们绘制一幅群体肖像画来装饰新建成的总部大楼。这原本是件好事，对伦勃朗来说也是最容易不过的事，但因为伦勃朗的“执念”，他的命运突然被改变了。

伦勃朗的“执念”来自他作为一个艺术家的自信，这十年来他一直按照自己的感觉和判断作画，并从未失败过，阿姆斯特丹的市民始终对他的绘画充满热情。过去十年的成功经验让伦勃朗深信阿姆斯特丹的市民深爱着他、理解他，既如此，他就要对他的顾客负责，画出精益求精的作品。于是，在为射击手连队创作群体肖像时，伦勃朗放弃了陈旧俗套的群体肖像画法，决心和创作《杜普教授的解剖学课》一样，为这幅群体肖像设计一个活动场景。为使画面具有活力，伦勃朗决定采取射击手连队出巡的瞬间来表现画面（**尽管事实上，当时的**

伦勃朗《夜巡》

民兵连已不具备军事作用，只是在庆典时盛装列队用来烘托气氛而已）。画面中，弗兰斯·班宁·柯克连长和两名副官走在最前面，其余人皆意气风发，有的举旗，有的打鼓，有的手持兵器跟随在后，场面宏大，充满动感，颇具感染力。

需指出的是，《夜巡》一画原名《班宁·柯克上尉的民兵连》，画的本是白天，后人之所以将此画命名为《夜巡》，是因为伦勃朗为强调光影明暗，使画作呈现出一种暗淡的效果。后来，当时为保存画面涂上的多层凡尼斯因年代久远发生了变质，使画面颜色加深，再加上年复一年的灰色沾染，画面看上去更加灰暗，以至于原本是白天的场景被误认为是黑夜。

言归正传。用当今的眼光看，《夜巡》无疑是一幅杰作，但在当时，由市民组织起来的射击手连队的成员尽管富有，对艺术的审美趣味却十分平庸，他们只能欣赏那些浅薄、庸俗的东西，期待的只是一幅静止的所有人一字排开的群体肖像，而不是一幅场面“乱糟糟”的、自己只能在背景中对画中主角起烘托作用的绘画——无论它在艺术上多么杰出。

伦勃朗在这件事上栽了跟头，《夜巡》中被放在次要位置的人将他告上了法庭，最终伦勃朗败诉，不仅为此赔了钱，还损失了许多生意。自此之后，很少有个人和团体再找伦勃朗画肖像画。悲惨的是，祸不单行，就在伦勃朗的事业遭受重创时，他的妻子莎士基亚被病魔夺去了生命。伦勃朗的人生突然从巅峰直跌下来，其间的悲苦只有他自己能体味。

“我做不到，一点也做不到！”

1642年，伦勃朗36岁，虽遭受重创，但没有一蹶不振。他还年轻，一切都可以重来。他努力画画，也曾努力再度经营爱情，可境况不但没有改善，反而越来越糟。昂贵的油画材料花费巨大，他的订单却很稀少。不知为何，自从《夜巡》事件之后，伦勃朗与荷兰市民之间的关系就变得不对劲了，阿姆斯特丹的富人们渐渐变得不再欣赏伦勃朗，而这个天才人物又固执己见，他只画自己心中要画的东西，绝不画趋炎附势、讨好顾客的作品，在这一点上，他倒是与另一位天才格列柯有几分相像。但忠实于自己内心与审美情趣是要付出代价的，代价就是付出的努力得不到回报。伦勃朗因此常常入不敷出，再加上他花钱大手大脚，不懂得量入为出，导致口袋渐渐吃紧。

伦勃朗十分痛苦，他曾如此说道：“曾经有一个时期，我常常假装自己是个大贵族，那是我刚刚结婚的时候，我喜欢穿得阔气，喜欢想象自己是真正的上流人士。当然，莎士基亚是，而我是一个磨坊主的儿子，我的哥哥是个鞋匠，全世界所有的绫罗绸缎和一切的装饰打扮都决不会使我有任何改变，那段时间里，我刚刚结婚，一年后有了我们的第一个孩子，我需要钱，所以我要拼命挣钱，但这只能使我做一个很好的工匠。我不希望这样。这就是我按照自己的方式作画的原因。当然，我应该讲求实际，按照他们的要求去作画。但是，好多时候，我自己也曾偷偷地试过，而且很下功夫地尝试过，但我做不到，一点也做不到！这就是为什么我有些癫狂了……所以，我固守自己的路线，而且我想，我要固守到走进济贫院或者坟墓为止。如果有人在我的坟

墓上立一块碑，并且在上面写上‘这里埋着一个傻瓜’，那么在这个人的一生中，可能在他订制这块碑的那天他做得最正确。”

为了真正的艺术，伦勃朗情愿当一个傻瓜，情愿忍受贫穷。没几年，他积累的财富就花光了。因为无法支付豪宅的贷款，他开始向自己的顾客及阿姆斯特丹的商人借贷度日，他将一些财产转移到儿子提图斯名下，甚至还举办了一次为期一周的财产贱价抛售，但这一切都只是权宜之计。最终，伦勃朗破产了，审计员来到他的豪宅内，对他所有的财产进行了盘查记录，这所房子里所有值钱的东西都被卖给了别人。不久，这所房子也被拍卖了，所得钱财被用来偿还伦勃朗欠下的债务。伦勃朗不得不带着尚未成年的儿子提图斯、女佣韩德瑞克和新生的婴儿可妮莉亚搬到了环境不怎么样的出租房中。

背信弃义的情人

你也许会好奇伦勃朗这么穷了为什么还要雇女佣，但如果知道了他后半生感情上的遭遇，就不会觉得奇怪了。

妻子莎士基亚去世后，伦勃朗的感情生活并非一片空白，尽管在接收妻子的丰厚嫁妆这笔遗产时他曾信誓旦旦承诺永不再娶。

伦勃朗的第一个情人是他的女管家吉尔蒂·迪克斯。毕竟妻子去世时他才 36 岁，正年富力强——要他一辈子打光棍？这似乎有点残忍。

但伦勃朗和女管家的感情并没有持续太久，女佣韩德瑞克·斯托菲尔斯凭借自身的魅力成功击败女管家，成了事实上的女主人。从伦勃朗晚年为韩德瑞克画的肖像《在河里洗澡的韩德瑞克》可以看出，

伦勃朗《在河里洗澡的韩德瑞克》

韩德瑞克虽身份低微，却面容姣好、身材丰腴，最难能可贵的是，从她微笑的脸上可以看出这个女子善良的心地与温柔的脾性。总之，她是一个可爱的女人。

当时伦勃朗还没到赤贫的境地，他还住在豪宅里，过着体面的生活。韩德瑞克并没有错，她是一个普通的女子，很难拒绝单身主人的追求；伦勃朗也没有错，他理应享有爱的权利。但他既然已经向亡妻承诺，就不该违背誓言，更不该在爱上韩德瑞克后像丢一只旧鞋一样将女管家扫地出门。

1649 年，女管家吉尔蒂・迪克斯为报复绝情的伦勃朗，向法院起诉他背信弃义、违背承诺。伦勃朗不想传出丑闻，想用钱封住旧情人的嘴巴，但遭到了拒绝。最终，法院对这件事做出判决，判伦勃朗每年支付一笔抚养费给吉尔蒂・迪克斯。伦勃朗很生气，为报复这个女人，他竟然与她的兄弟和诉讼代理人合谋，宣称吉尔蒂神志不清。这个可怜的女人就这样被关进了挤满妓女、流浪汉和癫痫病患者的感化院，她在那里被迫从事繁重的劳动，没完没了地聆听布道，直到 1656 年才得到释放。在感化院被囚禁了 5 年的吉尔蒂对伦勃朗恨之入骨，一获得自由就开始了复仇行动，只是此时的伦勃朗已经穷愁潦倒，分文也不可能再给她了。

再说韩德瑞克，她真是一个好女人。由于受原配娘家人反对，伦勃朗始终不能娶韩德瑞克为妻，韩德瑞克还因为与伦勃朗非婚同居被邻里指指点点，甚至还要背负“罪人”的骂名，但她似乎并不在意，即使伦勃朗深陷债务危机，最终面临破产，她也始终对他不离不弃，靠自己微薄的力量支撑着整个家庭。如果不是韩德瑞克，伦勃朗晚年的境况或许还会更悲惨，是她，犹如黑暗中的烛光给了伦勃朗一丝温暖与慰藉，让他拥有御寒的衣衫和果腹的面包，从而得以继续创作。

最后的订单

1661 年是伦勃朗一生中又一个重要年份，这一年，他在沉寂了数年后重新被人记起，受到委托为刚刚落成的阿姆斯特丹市政大厅创作一幅装饰性的绘画。接到这一订单时伦勃朗不知有多高兴，这样的机会他已经等候多年了。为了能重新得到失去的一切，伦勃朗决心来一次大赌——是的，他还是那么顽固，非要坚持己见，他总以为阿姆斯特丹民众会理解他的艺术，一切只是时间问题。

带着这样的信念，伦勃朗又兴致勃勃地投入了一次错误的尝试。这次他画的题目为《巴达维亚人克劳丢斯 · 西非利斯的密谋》，讲述的是荷兰人的祖先巴达维亚人在公元 69 年起义反对罗马人的故事。在作画时，伦勃朗果断摒弃坊间流行的做法，他没有描绘一群文雅的巴达维亚人在宴会上握手言和、签署协议的场景，而是将荷兰人的祖先描绘成了一群穿着粗野服饰的野蛮人形象。画中的克劳丢斯 · 西非利斯神情严肃、满脸沧桑，他的左眼在某次战争中被刺瞎了，在脸上留下永久的伤疤，令他看上去十分可怕。克劳丢斯 · 西非利斯失去左眼这一细节，是伦勃朗从古代历史典籍中找到的，他想还原历史，令密谋现场看上去更真实一些。西非利斯右手举着闪着寒光的短刀，与密谋者们刀剑相向，一道光将一群人的面孔从昏暗中照亮，使整幅画彰显出一种紧张又神秘的气氛。

创作完这幅《巴达维亚人克劳丢斯 · 西非利斯的密谋》后，伦勃朗充满期待，他想这幅画一定会让荷兰民众惊艳。荷兰民众的确惊艳

伦勃朗《纺织工会的理事们》

了，但他们的审美再一次拖了后腿——他们只希望看到文雅的先人围在桌边与密谋者手握手的场景，而不是醉醺醺号召叛乱的场景。

《巴达维亚人克劳丢斯·西非利斯的密谋》被从市政大厅撤了下来。

伦勃朗再度失败了！

没有人知道此时的伦勃朗有多灰心，但伦勃朗绝不向现实低头。他说：**“我固守自己的路线，而且我想，我要固守到走进济贫院或者坟墓为止。”**

1662 年，他又接到了一个较大的订单，这次的雇主是纺织工会的理事们。伦勃朗运用高超完美的技巧完成了这幅群体肖像画的创作，并且很用心地通过人物不同的目光和手势来帮他们“说话”。但或许是荷兰人此时已对他的画作形成偏见，又或许他的伟大远远超出了那个时代，令当时的人无法理解，他再一次失败了。布商们认为伦勃朗画得太一般了，还挑剔地指责他将他们的姿势画得不够端正。

命运给予伦勃朗一次又一次打击，但伦勃朗从未放弃自己的艺术理念。接下来的数年他尽管受尽贫穷折磨，常常连画画用的颜料也买不起，但依然坚持作画。由于订单稀少，身边的家人、屠夫、厨娘、乞丐、瘸子、盲人等成了伦勃朗画中的主角。而他画得最多的恐怕还是他自己。

从来没有哪个画家像伦勃朗一样喜欢画自己，为后人留下如此之多的自画像。年轻时的伦勃朗英俊潇洒、踌躇满志，后来他蓄起了两撇胡子，脸也因为长胖变圆了一点，眼神中则多了一些成熟与坚毅。老年时的他则头发花白，脸上渐渐长出皱纹，眼角眉梢间透露着悲苦。

这些自画像是伦勃朗最好的自传，也是他最好的画传。它们忠实

伦勃朗《戴帽的自画像》

地记录了他在不同年龄阶段的容貌和精神状态，记录了岁月留在他脸上和心灵上的印痕，也很好地反映了伦勃朗数十年来画风的转变。

年轻时，伦勃朗善画色彩鲜明、热闹华丽的巴洛克风格的绘画；后来则逐渐师法自然，开始不加修饰地真实呈现模特的原貌，呈现出现实主义的特色。希腊神话中的女神达纳厄在他笔下变成了肚子圆滚滚的荷兰妇女，以色列王大卫所垂涎的拔士巴则被画成了一个身材不怎么样的半老徐娘。此外，伦勃朗的用笔也从最初细腻平滑的风格转向了粗犷，开始用较厚的颜色塑造对象，再用透明色加以罩染，使得黏稠的油画颜料产生美妙的画面肌理。

伦勃朗的艺术在逐渐走向伟大，但他的生活却依然一团糟。他的艺术太前沿，以至于顾客们无法欣赏他的才华。

1668 年，伦勃朗遭遇了一生中最残忍的打击——因为感染瘟疫，续妻韩德瑞克和儿子提图斯在同一年相继去世。伦勃朗一下子失去了生命中最为重要的、最为亲密的两个人，他的世界一下子坍塌了。1669 年，受尽命运愚弄和折磨的伦勃朗也终于不堪其苦，在极度孤独和贫困中离开了人世。

伦勃朗一直被他的时代所遗忘、所误解，直到 19 世纪，浪漫主义画家才重新发现了他，并将他奉为罕见的艺术天才。他那现实主义深刻的心理描绘和无与伦比的运用明暗的技巧都被视为美术史上无法逾越的高峰。同为荷兰天才画家的凡·高对伦勃朗推崇之至，他曾如此评价伦勃朗晚年的一幅作品：**“如果我可以吃一点干面包，在这幅画前坐上 10 天，我愿意献出 10 年的生命。”**

拥有一颗“少女心”的天蝎座画家
——维米尔

画家： 约翰内斯·维米尔（Johannes Vermeer，1632—1675）

国籍： 荷兰

代表作：《戴珍珠耳环的少女》

类型： 油画

艺术风格： 荷兰小画派

“尸灰里飞出的新凤”

在提到荷兰历史上的伟大画家时，除了伦勃朗和凡·高，人们往往还会想起另一个名字——约翰内斯·维米尔。

维米尔是荷兰最伟大的画家之一。1632 年，他诞生于德尔夫特一个中产阶级家庭，他的父亲老维米尔名叫雷伊尼埃·扬宗，在维米尔出生时正经营着一家名叫“米什兰”的客店，同时做着卖画生意。

维米尔生活的年代，恰逢荷兰迎来历史上的黄金时期。此时，距离荷兰独立已有数十年之久，随着海上贸易的发展，荷兰经济繁荣昌盛，逐渐跻身于欧洲最强盛的国家之列。安定的社会环境、富裕的市民，都促进了艺术市场的繁荣。维米尔的故乡德尔夫特虽比不上阿姆斯特丹，却也相当富足，是荷兰远近闻名的瓷都，以仿制中国青花瓷而著称。维米尔曾画过一幅风景画《德尔夫特风景》，画面中，充满水汽的柔软的积云飘浮在纯净蔚蓝的天空中，阳光透过云层照亮城市里整齐的建筑，宁静的码头停泊着船只，金黄的岸边站着少许候船的人。他的另一幅风景画《小巷》，画的也是家乡德尔夫特的景象。从画中可以看出，德尔夫特这座小城整洁、宁静，繁荣却并不喧闹，具有平和、宁静的气质。这样一座小城很适宜居住，也很适宜艺术创作，维米尔在这里居住了一辈子，也画了一辈子。而在维米尔之前，这里还曾诞生过另一个天才艺术家，他就是伦勃朗的高足卡雷尔·法布里蒂乌斯，一些资料显示，他很可能就是维米尔的老师。

因家境富裕，维米尔从小得以接受良好的教育。大概受父亲店铺里那些绘画商品的影响，十几岁时维米尔就对绘画产生了浓厚的兴趣，因此来到当时在德尔夫特十分有名的画家卡雷尔·法布里蒂乌斯的画室学习绘画，1653 年加入圣路加协会，正式成为独立画家，开始了作画、卖画的生涯。

不过，维米尔的老师究竟是不是卡雷尔·法布里蒂乌斯仍存在疑问。因为没有资料可以明确证实两人间的师徒关系，研究者只是根据一首诗推断，维米尔的老师很可能是卡雷尔·法布里蒂乌斯。这首诗是这样的：

> 呜呼哀哉，凤凰在熊熊烈火中涅槃！
> 归天的法布里蒂乌斯正处在光荣的顶端，
> 幸而维米尔追踪他的足迹奋力向前，
> 是从他的尸灰里飞出的新凤，高蹈翩然。

维米尔《德尔夫特风景》

这是卡雷尔·法布里蒂乌斯的朋友——印刷商人阿诺尔德·邦为画家卡雷尔·法布里蒂乌斯写下的一首悼亡诗。

1654 年 10 月，荷兰小城德尔夫特发生了一起重大事故：因城中火药库意外爆炸，半个德尔夫特城被炸成废墟，一百多居民死于非命，另有上千人受伤。这起重大事故不仅使德尔夫特城的经济遭受重创，也给荷兰的艺术造成了重大损失。绘画大师伦勃朗的高足卡雷尔·法布里蒂乌斯就丧生于这起事故，时年仅 32 岁，他的工作室及画室里的全部画作也在爆炸中毁于一旦。

从卡雷尔·法布里蒂乌斯存世的为数不多的遗作——如《戴毛帽穿胸甲的年轻男子》等画作看，他在继承伦勃朗画风的同时又有所突破，在绘画上颇具天赋，其抒情风格与维米尔的画作的确有几分相似。

虽然卡雷尔·法布里蒂乌斯不幸死于非命，但恰如诗中所言："幸而维米尔追踪他的足迹奋力向前……"维米尔用他的天分弥补了卡雷尔·法布里蒂乌斯不幸早逝给荷兰画坛带来的损失。

女人，女人

维米尔一生创作的绘画不多，但在他存世不多的全部绘画中，除《德尔夫特风景》和《小巷》两幅为风景画外，其余多为小尺寸的室内人物画，而他笔下的人物除极个别为男性外，绝大多数都是女性。如《倒牛奶的女仆》《戴珍珠耳环的少女》《读信的蓝衣女子》《称天平的女子》《织花边的女工》《戴红帽的女孩》等，这些都是维米尔描绘女性的经典之作。

许多画家都爱在绘画中表现有故事、有主题的场景，但维米尔不一样。他的绘画犹如生活的剪影，捕捉的只是实实在在的生活中的一个片刻，一个瞬间。

在《倒牛奶的女仆》中，一个健壮的女仆正手拿牛奶罐，神情专注地向另一个容器里缓缓地注入牛奶。女仆戴着头巾，衣服看上去陈旧粗糙，袖子高高挽起，蓝色的围裙有一角被塞了起来。她所在的厨房十分简朴，抹着白灰的墙面有些脏了，靠窗一边的墙上挂着一只方形的藤篮和一盏马灯，窗边铺着蓝色桌布的桌子上摆放着已经烤好的面包。

维米尔《戴珍珠耳环的少女》

《戴珍珠耳环的少女》则连具体的生活情景都没有，在一片黑色的背景中，戴着蓝色头巾的女孩回眸一笑，光线照亮她秀丽青涩的脸庞、她明亮的双眸和水润的红唇，圆圆的珍珠耳环从黑暗中发出夺目的白光。

《读信的蓝衣女子》画面也很简单：一间宽敞简朴的房间内，摆放着一些简单的桌凳，墙上悬挂着朴素的帷帘，穿蓝衣的女子仿佛正怀着孕，她站在床边，安静地读着一封信。

不论画中女子是何种身份，她们在维米尔笔下都具有一种沉静的气质、专注的神情。虽然是女性，有的模样也十分俊秀，但她们一点也不妖娆、性感，不会引起人的任何欲念——这一点十分难能可贵，极少有画家可以像维米尔这样做到不用一个男人的眼光来看待女人。但维米尔并不是照相机，他的画笔是有温度的，他赋予倒牛奶的女仆温情，赋予戴珍珠耳环的女孩（据说是他的女儿）爱意，这些都可以从他的画作中看到。

维米尔的画作构图简单，从不以情节取胜，使用的颜色也比较简单，蓝色和柠檬黄是他最常用的两种颜色。他的双手似乎有一种魔力，能够将寻常生活中一幕幕平凡、恬静的场景凝固在画布上，使画面呈现出一种永恒的感觉——这正是维米尔绘画艺术的魅力。

德尔夫特的斯芬克斯

维米尔的绘画充满抒情情调，给人以美的感受，十分经久耐看，同时还具有一种神秘的特质，像一个巨大的谜，令人猜不透。当许多画家都有意通过画面上的许多细节来暗示画作背后的故事时，维米尔却小心翼翼地将这些信息隐去了。

他画中的女人是谁?

她们跟他是什么关系?

他为什么要画她们?

人们企图从他的绘画中寻找各种暗示、动机、人物的故事、动作的含义，但都是徒劳。

维米尔显然是故意这么做的。因为后人用 X 射线分析了他的画作《读信的蓝衣女子》，发现维米尔最初画了一幅悬挂在墙上的有丘比特的画——它很可能引发人的联想，猜测蓝衣女子读的是一封情书，但后来维米尔将这一线索抹去了。

维米尔《读信的蓝衣女子》

也许了解画家的生平有助于解读他的画作，但身为艺术大师的维米尔却不像历史上多数大画家那样有着各种版本的坊间传说和花边新闻，也没有哪个传记作家专门为他书写传记。文献中只记录了他出生、订婚和死亡三件事。维米尔的生平也如他的绘画一般充满神秘色彩，以至于被后人称为“德尔夫特的斯芬克斯”。

或许维米尔的人生并没有太多故事，而是像大多数普通人那样平凡无奇，人们只知道，1653 年 4 月，维米尔和卡特琳娜・博尔内斯订了婚。由于宗教信仰不同——维米尔信仰新教，而他岳母信仰天主教，岳母一开始并不同意将女儿嫁给维米尔，但也没有坚决反对，最终维米尔和卡特琳娜・博尔内斯还是结了婚。婚后，妻子一共为维米尔生育了 15 个孩子，从结婚到 1675 年维米尔去世总共也就 20 年左右的时间，这意味着卡特琳娜・博尔内斯不怀孕的时间少之又少。维米尔常常以妻子为模特来作画，难怪他画中的女子都挺着肚子，“孕味”十足。

维米尔在世时已颇有名望，曾两度被任命为艺术家协会会长，但他的创作速度很慢，因此常常入不敷出。从一些记录他告贷、负债的资料看，维米尔生前一直处于拮据状态。尤其是 1672 年之后，英国和法国对荷兰宣战，荷兰再度变得动荡不安，一度繁荣的艺术市场陷入瘫痪，使得维米尔的经济状况进一步陷入困境。维米尔不得不卖掉父亲留给他的“米什兰”老屋，带着妻儿搬进一所小房子里居住。不久，他的又一个孩子夭折了，首席赞助人也在同一年亡故，维米尔不堪生活的重压，于 1675 年病故，去世时留下了大量债务、10 个未成年的孩子和一堆未出售的画作。

西班牙最伟大的平民艺术家

——委拉斯开兹

画家：委拉斯开兹（D.R.de S . Velazquez，1599—1660）

国籍：西班牙

代表作：《教皇英诺森十世肖像》

类型：油画

艺术风格：塞维利亚画派

从贵族中来，到平民中去

1588 年，雄心勃勃的腓力二世建立了史上赫赫有名的无敌舰队，在向伊丽莎白女王求婚未果后以武力的方式入侵英国，企图吞并英国，实现称霸欧洲的野心。然而事与愿违，在著名的英吉利海峡战役中，无敌舰队被英国海军打得溃不成军。这一战役大大灭了西班牙的威风。此后，西班牙开始失去海上霸主地位，这个曾经的欧洲头号强国开始走向衰落。到 17 世纪上半叶，西班牙国力大为削弱，再也无法与荷兰、英国这些新兴的强国抗衡。有趣的是，随着政治和经济的衰弱，其国内的文学和艺术却日渐繁荣，文学上出现了塞万提斯、唯加这样的大家，绘画上也迎来了“黄金时期”，出现了里贝拉、苏巴朗、委拉斯开兹三位大师，而委拉斯开兹是三人中影响力最大、成就最为杰出的一个。

1599 年，委拉斯开兹诞生于塞维利亚一个没落的贵族家庭。他生活的城市是当时的贸易中心，人文主义思想十分流行。委拉斯开兹在这样的环境中长大，11 岁就进入当地有名的老埃尔拉连画室学画，后来据说因与老师理念不同，他又改投到了著名画家和理论家弗朗西斯科·巴切柯门下。

弗朗西斯科·巴切柯出身于绘画世家，曾跟随著名画家埃尔·格列柯学画。学成之后，他在塞维利亚开办了一所学校，一边教学，一边以绘画为生，一生培养了许多知名画家。委拉斯开兹无疑是巴切柯的学生中最有才华的一个，在老师的用心调教下，他进步神速，很快就形成了鲜明的绘画风格。

当委拉斯开兹走出老师的画室成为一个独立画家时，他没有急于去为贵族服务，而是学卡拉瓦乔走向街头，将目光对准了身份低微的流浪汉、老妇、小商贩和儿童。他用画笔忠实地画下这些处于社会底层的人，如《卖水的老人》《煎鸡蛋的老妇人》等，因而成为“波德格涅斯”风格的代表人物。

“波德格涅斯”具有小酒馆、小饭店之意，“波德格涅斯”风格的绘画其实就是西班牙的卡拉瓦乔主义。从绘画技巧上看，这一时期的委拉斯开兹显然受卡拉瓦乔绘画的影响，画面色彩具有强烈的明暗对比。可贵的是，他不光真实生动地描绘了他所见到的街头人物的外貌，同时还用画笔深刻地揭示了他们的内心世界——无论是卖水的老人，还是煎鸡蛋的老妇人，都显得严肃、冷静，沧桑的脸上流露出一个贫苦者内心的尊严。

委拉斯开兹《煎鸡蛋的老妇人》

赋予底层人坚定、冷峻、尊严和刚毅的性格特质，是以委拉斯开兹为代表的西班牙肖像画的特色，这一点在别国的肖像画作品中很少见到。

成为宫廷画家

1623 年，24 岁的委拉斯开兹离开故乡塞维利亚，来到西班牙首都马德里。恩师巴切柯将他引荐给了与宫廷有着密切联系的赞助人奥里瓦塞公爵。公爵是国王的宠臣，他十分欣赏委拉斯开兹，正是在公爵的引荐和帮助下，委拉斯开兹才得到了为王室服务的机会。

腓力四世只比委拉斯开兹大 4 岁，在委拉斯开兹来到马德里时，他继承王位才不过两年。这个年轻而任性的新国王十分喜爱艺术，被称为“史上拥有最多私人画家的统治者”。他一见到委拉斯开兹的画就爱不释手，不仅因此任命委拉斯开兹为宫廷画师，还下令今后只有委拉斯开兹才有资格给他画像。

委拉斯开兹就这样成了宫廷画师，此后一生都在为宫廷服务。与别的宫廷画师不同，委拉斯开兹身在王宫却不改本色，尽管在画王宫显贵们的肖像时仍受传统宫廷画影响，常常将人物头部画得较小，身躯拉得过长，但他的性格天生不会讨好与阿谀奉承，忠实于事物本来的面貌是他作画的原则。在《腓力四世骑马像》一画中，骑马的国王显得有些装模作样，在优美的卡斯提尔风景的衬托下更具讽刺意味。而在《马背上的奥里瓦塞公爵》一画中，他真实地将公爵扁平的鼻子画了上去，并没有加以任何美化，此外他还画出了公爵一对小眼睛里闪着的狡黠的光。

委拉斯开兹《腓力四世骑马像》

委拉斯开兹《酒神巴库斯》

除肖像画，委拉斯开兹也创作一些神话题材的作品，如《酒神巴库斯》《火神的冶铁厂》等。这些作品沿袭了他一直以来的平民风格，《酒神巴库斯》中，酒神与一群流浪汉在一起，颇具乡土气息，而火神的冶铁厂也是人间最寻常的冶铁厂，铁匠铺里的各式用具和光着上身的铁匠们被画得十分传神。

委拉斯开兹这种亲民写实的画风受到了恪守传统的宫廷画家的抵制。比他年长，也比他更早进入宫廷的画家加尔杜乔就毫不留情地批评他出身低贱、艺术拙劣，只会画人的头像，指斥他根本算不上一个艺术家。不过，谁才是真正的艺术家并不由加尔杜乔说了算。1627 年，宫廷举行了一场有趣的竞赛，双方都画“驱逐摩尔人”这一历史题材，结果委拉斯开兹大获全胜，加尔杜乔只好忍气吞声，再也不能对他指手画脚。

画得“过分像”的肖像

1629年，恰值而立之年的委拉斯开兹踏出国门，前往意大利，开始他的艺术朝圣之旅。他的足迹遍布威尼斯、罗马、那不勒斯等诞生大师的地方，从意大利回国之后，他的画风实现了一次蜕变，色彩变得更加明亮，绘画技巧也变得更为成熟。肖像画是委拉斯开兹最主要的题材，他画王公贵族，画身边的亲人，也画小丑、平民和流浪汉，但不论画谁，他从未放弃“真实”这一作画原则，他的笔不愿美化王公贵族，也从不丑化身份低贱的平民和流浪汉。

《教皇英诺森十世肖像》是委拉斯开兹著名的肖像画之一。这幅画作于1650年他第二次造访意大利时，当他到罗马时，教皇英诺森十世对他表示了热烈欢迎，于是画家作此画以示回报。画面中，教皇英诺森十世威严地坐在高背椅上，身后是深红色布幔构成的背景，教皇眉毛高挑，眉头皱起，嘴唇紧闭，座椅背上的金属和宝石饰物充分显示了他的显赫身份，而他的眼神则将他沉稳老练及凶狠狡猾的特征展露无遗。这是一幅极为出色的肖像画，其性格刻画之成功，用笔之精妙，色彩之和谐，均达到一个相当完美的水平，令同时代的其他画家无法望其项背。据说当委拉斯开兹将这幅画送到教皇手里时，教皇看了看画中的自己，惊讶而又有些不安地评价道：“过分像了！”

《坐在地板上的侏儒》也是委拉斯开兹有名的肖像画之一，画中主角为宫廷里的丑角侏儒塞巴斯蒂安。委拉斯开兹描绘了塞巴斯蒂安双腿朝前端坐在地板上的情形，他孩子般短小的身体上安着一个成人的脑袋，但他看上去一点也不滑稽可笑，因为他那脸上的神情充满严肃、

委拉斯开兹《坐在地板上的侏儒》

善良、智慧与尊严，而他眼神中流露出的哀愁则令人对他备受嘲弄还要强颜欢笑的不幸命运深感同情。

坚持在画布上呈现真实的一面，在刻画人物时不光将其外貌画得十分逼真，还总能精确把握人物的性格和内心世界，正是委拉斯开兹肖像画的不同凡响之处。

除了人物肖像，委拉斯开兹也画历史题材的画作，但在创作时仍不失“真实”这一原则。如《布列达的投降》，这是委拉斯开兹为纪念腓力四世一生中唯一一次军事胜利而创作的大型历史画，画的是荷兰要塞布列达城的总督将城门钥匙交给西班牙将军斯宾诺拉侯爵的情景。委拉斯开兹将画面一分为二：一边为战马雄壮、长矛挺立的胜利者，官兵脸上洋溢着傲慢、凶狠的表情；一边为偃旗息鼓、被迫投降的战败者，情绪低落，却并不谄媚。远景中清晨时分的滚滚浓烟象征着激战刚停止不久。在这幅画作中，委拉斯开兹不仅创造了同时代艺术家难以企及的真实的战争场面，还十分生动地画出了这一时刻每个在场的人复杂的心理活动。

从委拉斯开兹的生平来看，他的一生还算顺遂，基本上没有遭遇大风大浪，安定的环境给他创造了良好的创作环境，在数十年宫廷画师生涯中，他创作了大量杰出的作品，如《伊索》《默尼普》《纺织女工》《镜前的维纳斯》《宫娥》等。当然，小的坎坷挫折也是在所难免的，那些曾经反对他的人并没有与他握手言和，他们始终站在他的敌对面，一有机会就为难他。

1660 年，委拉斯开兹旅法归来，不久因身染重疾不幸身亡，时年 61 岁。他去世后，那些嫉妒他的小人开始不择手段污蔑、诋毁他，致使他的财产被封，公开的展览亦遭调查。所幸时间大浪淘沙，当委拉斯开兹重新回归大师的宝座时，那些追名逐利的小人则早被后人遗忘了。

委拉斯开兹《纺织女工》

“黄金时期”艺术传统的继承人

——牟利罗

画家： 巴托洛梅·埃斯特万·牟利罗（Bartolomé Esteban Murillo，1617—1682）

国籍： 西班牙

代表作：《丐童》

类型： 油画

艺术风格： 塞维利亚画派

塞维利亚街头的流浪儿

16 世纪末，随着“无敌舰队”对英作战失利，西班牙的政治经济开始走向衰落，而 1648 年对法国作战的失败，使它连陆上的军事优势也失去了。在这种大背景下，到了 1650 年，西班牙名城塞维利亚已不复过去的繁荣，街头到处是穷人和无家可归的流浪汉。这些流浪汉中不乏年纪尚幼的孩子，他们衣衫褴褛、赤着双脚，白天靠捡拾被人丢弃的食物为生，晚上则栖息在废弃的破房子里。

很少有人关注这些可怜的儿童，但有一个人却时常像影子一样跟着他们。他对他们没有坏的企图，只是想用手中的画笔画下他们纯真、稚嫩的面庞。这个画家就是牟利罗。

牟利罗是土生土长的塞维利亚人，和比他年长 19 岁的艺术大师委拉斯开兹是同乡。和委拉斯开兹一样，牟利罗也是贵族出身，只是他还年幼时双亲就去世了，由已经成年的表姐抚养成人，姓氏也因此由原先的佩雷斯改成了牟利罗。

牟利罗很优秀，从小就表现出了绘画上的天赋。11 岁时，他就已经是德卡斯蒂略画室的一名学徒了。他一边跟随德卡斯蒂略学画，一边认真研习委拉斯开兹和弗兰德斯画家凡·代客的绘画，深受此二人画风的影响。

10 年后，牟利罗终于成了一名独立画家，他画宗教题材的绘画，也画风俗画。他的宗教画充满平民色彩，如《圣家族》，画中圣母一边坐在纺织机前纺线，一边看着正跟小狗玩耍的圣婴，约翰坐在圣婴的后面，面带微笑地用两只大手护着圣婴的身体，画面充满宁静与欢乐，俨然一个普通市民家庭的生活写生，丝毫没有一点宗教气息与说教意味。

牟利罗的风俗画也相当具有“平民写实”精神，农妇、卖花女、街头老人都是他创作的对象，而他画得最多的还是孩子——那些光着脚丫子脏兮兮的流浪儿童。可以说，牟利罗是 17 世纪最善于画儿童题材的画家，他笔下的孩子姿态各异，但都充满了可爱与纯真。

如他十分有名的早期作品《丐童》，画的是一个正靠着一堵破墙坐在地上捉虱子的少年，他的衣服破破烂烂，打满了补丁，脚底板黑漆漆的，沾满了灰土。地上是掉落的墙灰、已经不怎么新鲜的果子、一个水罐和一个草篮。阳光从破败的窗户照射进来，照亮这窄小逼仄的室内空间，照亮少年左边的那堵墙，却在他的右边留下一大片漆黑的

牟利罗《丐童》

阴影。少年神情专注，捉虱子的动作似已十分娴熟，你可以从他的神态和动作看到他的日常。

《吃葡萄和甜瓜的孩子》画的是塞维利亚街头做生意的两个流浪儿，一个正在吃一片刚切下来的甜瓜，腮帮鼓鼓的，嘴里却含混不清地跟一旁的伙伴说着什么，短柄的水果刀还拿在手中；他的伙伴则一只手拿着一小片甜瓜，另一只手高高举起一串熟透的葡萄送到嘴边。牟利罗将两个孩子手部的动作和脸上的表情画得十分生动，尤其是吃葡萄的孩子微仰着下巴、翘起来正准备接葡萄的嘴唇和他那看向一旁伙伴的眼神，活灵活现，极为逼真。

不得不说，牟利罗是个极有才华的画家，他总能敏锐地把握人物的特色，并通过诸多细节将这些特色一丝不苟地刻画出来。在《吃葡萄和甜瓜的孩子》一画中，如果仔细看，还会发现两个孩子手指甲内的污垢。

在牟利罗的风俗画中，类似的画作还有不少，如《数钱的孩子》《玩骰子的儿童》等。这些画中的主角都是穷人家的孩子，或小小年纪就流落街头的流浪儿，他们虽然贫穷，却无忧无虑，充满了纯真，十分惹人怜爱。

牟利罗《吃葡萄和甜瓜的孩子》

至于牟利罗为何这么喜欢画街头的流浪儿，并且总是可以将他们画得那么生动，那么精彩，或许正是和他自幼失去双亲的身世有关。作为一名曾经的孤儿，想必牟利罗比一般画家更能深切体会那些街头流浪儿的处境，更能深刻理解他们的内心世界。

“西班牙的拉斐尔”

牟利罗对儿童的喜爱不仅表现在他的风俗画中，也表现在他的宗教画中。他喜欢画圣家庭、圣母子，他把圣婴画得十分可爱，而在圣婴和圣母周围，往往还飞舞着许多胖乎乎的小天使。

除了孩子，牟利罗创作中出现最多的角色便是母亲。

牟利罗《圣母与圣婴》

牟利罗虽从小失去母亲，但他对母亲怀有十分美好的想象。现实中的流浪儿和曾经的他一样没有母亲在一旁呵护，他也无法为他们虚构一个母亲，但在宗教画中，他却可以实现这个愿望——让圣婴得到圣母的温柔呵护，让一家人幸福地生活在一起。如《圣母与圣婴》《圣母子像》等，牟利罗笔下的圣婴纯真可爱，圣母则漂亮又温柔，她的眼神充满爱意，抱着圣婴的手也动作温柔，让看画之人能感受到一个母亲对孩子的深情。

因为善画圣母，牟利罗被称为“西班牙的拉斐尔”，但他与拉斐尔毕竟不同。拉斐尔笔下的圣母端庄圣洁，具有女王风范，而牟利罗笔下的圣母则往往长着椭圆形的充满稚气的面庞，大而明亮的眼睛看上去也像孩子一般天真无邪。

除表现圣母子、圣家庭的主题，牟利罗的其他宗教画也都充满真挚的人间情感。即便是《基督受难图》这样的悲剧题材，他也通过母子对望将耶稣和圣母间的深情表现得极为动人。牟利罗充满温情风格的特殊绘画在那个动荡不安、物资匮乏、精神极度苦闷的年代为人们带来了安慰，从而受到了极大欢迎，他本人也因此盛名远扬，成了当时最有名望的画家之一。

1660 年，当塞维利亚美术学院创立时，牟利罗被推举为该院的第一任院长，他在绘画上的写实才能极为高超，在培养学生时也十分强调对实物的描绘，反对艺术上的模仿和盲目崇拜。通过绘画和教育，这位被称为“黄金时期”艺术传统继承者的大师培养了许多优秀学子，深得后世学院派画家的敬重。

洛可可艺术的巅峰

——布歇

画家：弗朗索瓦·布歇（Francois Boucher，1703—1770）

国籍：法国

代表作：《沐浴的狄安娜》

类型：油画

艺术风格：洛可可艺术

浮华世界的理性

十七八世纪的欧洲政治风云变幻，与之伴随的是不断兴起又衰落的艺术。如果说 17 世纪大半个欧洲的艺术为巴洛克艺术所主宰，那么 18 世纪则是属于洛可可艺术。

洛可可，一个来自法语世界的新名词，原意为“贝克装饰”与“岩洞装饰”，表现出纤巧、华丽、烦琐、精美的艺术风格，喜欢采用 S 形和旋涡形曲线也是它的特征之一。它诞生于称霸欧洲的“太阳王”路易十四去世、其曾孙路易十五登基之后，然而促使它走向繁盛的幕后推手并非这位年轻的法国新皇帝，而是他的一个情妇——在历史上有着赫赫大名、连大哲学家伏尔泰也为之倾倒的女人蓬帕杜夫人。

蓬帕杜夫人是法国历史上最具传奇色彩的女人之一，她不是王侯之女，也非贵族出身，却凭借出色的才智与容貌成为国王路易十五最宠爱的情人之一。大哲学家伏尔泰曾赞美她“有一个缜密细腻的大脑和一颗充满正义的心灵”。

关于蓬帕杜夫人与路易十五的艳情史及她的功过是非早已有人专门著书议论过。这个女人因为贪图私利、挥霍无度及横加干涉朝政在历史上留下了不好的名声，但她对文化艺术做出的贡献却有目共睹：她是广为人知的文学艺术的赞助人，大哲学家伏尔泰、著名作家卢梭、大文学家狄德罗和诸多画家、雕刻家、表演艺术家都得到过她的关照；她创办了世界名瓷的生产厂塞弗尔陶瓷厂及拿破仑曾就读的巴黎军事学校等著名机构；她在建筑和装饰艺术上掀起了一股“蓬帕杜风”——蓬帕杜玫红、蓬帕杜发型、蓬帕杜香水……此外，她还亲自倡导了纤巧、浪漫、精致、奢华的洛可可艺术，华托、布歇、弗拉戈纳尔，这三位洛可可艺术的代表画家都曾受过她的资助。

华托在三位洛可可代表画家中年纪最长，年少贫穷的他靠临摹销路畅旺的一些意大利、荷兰名画起家，并因为善画华丽精美和男女爱情为题材的绘画而逐渐步入上流社会。他是洛可可艺术的重要画家，在创作于 1717 年的《舟发西苔岛》这幅画作中，他以轻喜剧《三姐妹》为蓝本，描绘了三姐妹带着心爱的伴侣乘舟奔赴象征爱与幸福之岛的西苔岛的情景。这幅画具有梦幻的抒情色彩，华托也因此被评论家称为“风流韵事画家”。

尽管“浮华”与“艳情”几乎成了洛可可艺术的代名词，华托的艺术却在看似浮华柔媚的外表下藏着深刻的内涵。比如，他的名作《热尔森画店》，描绘的并不是画店里寻常的卖画、买画的场景。华托有意在画中安排了两个细节：一个细节是画面左边，画店的店员在往箱子里装画，正要将此装画箱收起——这是一幅肖像画，画上人物是当时已经去世的“太阳王”路易十四——这一细节很容易让人想到“太阳王”路易十四的时代已经过去；另一个细节是画的中间靠右的位置，在一大幅圆形的画作前，两个戴假发的青年正津津有味地欣赏着画中的裸女——这两个青年无疑是新时代的象征，他们象征着路易十五统治下贵族们的审美趣味和精神追求。《热尔森画店》据说是华托为画商西鲁瓦的画店所绘的招牌画，只花了几个半天的时间就完成了，但这幅色泽丰润、光线与明暗处理得十分到位的画作一展出就轰动了整个巴黎。

华托的另一幅名作《小丑》也是一幅招牌画，或者说它是为剧团创作的一幅大型海报。画作的主角为哑剧丑角吉尔斯，是一个被放逐并遭同伴嘲讽的替罪羊的形象，他身穿白衣，孤独、脆弱地站着，一脸傻相的背后却不难看出他内心的悲怆。

总之，华托的绘画尽管色彩优美，具有洛可可风格，但又犹如笼罩着一层淡淡哀愁的轻音乐，令人在感受到柔情的同时也生发出同情与感慨。遗憾的是，华托这个才华横溢的画坛新秀年仅 37 岁就因肺病去世，死后留下了大量精美的素描手稿，对后来的法国印象派画家影响深远。

赤裸裸的艳情艺术

洛可可艺术的第二位代表人物布歇出生于 1703 年，少时具有“神童”之称，是皮鞋设计师的儿子。早年，布歇曾跟随洛可可艺术的创始人之一弗朗索瓦·勒穆瓦纳学习绘画，并与天才画家华托有过亲密交往。虽然布歇只比华托小了十几岁，但他们完全是属于两个世纪的人，华托是在洛可可的外衣下披着深刻、真挚的灵魂，布歇却完全将深刻抛在了一边。二十几岁时，布歇前往意大利游学，当他面对文艺复兴时期大师们的遗作时，不但毫不欣赏赞叹，还轻率且狂傲地如此评价道：**“米开朗琪罗奇形怪状，拉斐尔死死板板，卡拉瓦乔漆黑一团。”**

布歇的轻狂之语正说明了18世纪法国贵族审美趣味的转变。“太阳王”路易十四通过强权政治为后代缔造了一个繁盛的国家，到路易十五登基时，贵族们就可以任性挥霍祖先留下的遗产。在路易十五统治时期，由于政治环境变得宽松，那些在路易十四时代被迁往凡尔赛宫的大贵族们纷纷离开凡尔赛宫，开始在巴黎修建豪宅别墅，过去宏伟庄严的宫殿和教堂被一座座具有洛可可风格的精美私邸所取代，而洛可可风格的绘画则为这些豪宅起到锦上添花的作用。

布歇从老师弗朗索瓦·勒穆瓦纳那里学会了洛可可风格的绘画技巧，一出道就备受法国上流社会欢迎。他的绘画充满浮华、纤巧和繁复的特征，喜欢运用明亮鲜艳的色彩将古典神话表现得极为艳丽。《沐浴的狄安娜》是布歇的代表作品，画中的女神轻浮而美丽，玫瑰色的裸体、完美的身体曲线，柔美秀丽的长相被背后优美的环境映照得光彩夺目，十分性感撩人。

布歇是一个描绘女人身体的高手，并且他的绘画作品中，总是少不了一堆奢侈品的陪衬：色泽光洁华丽的绸缎、昂贵的珠宝、精巧的金银器具、具有洛可可风格的奢华家具等。用一位评论家的话说，布歇的绘画似乎有些矫揉造作、“过分精美”了。此外，布歇作画还极为大胆，如《裸女》《遭到伏尔甘惊吓的维纳斯和玛尔斯》《海克力斯与欧菲儿》，他在这些作品中大胆描绘赤身趴在沙发上的诱人的裸体女人及男女间的床笫之欢，画面近乎色情。

布歇《沐浴的狄安娜》

当时，文学家狄德罗很是瞧不上布歇笔下的艳情绘画，认为布歇的绘画无论是趣味、色彩、构图，还是对人物性格的表现都糟糕透顶，同时还折射出他个人人品的堕落。而作为同行的英国画家雷诺兹也对他程式化的色彩，如他有滥用玫瑰红和天蓝色的倾向与矫揉造作的画面提出了批评，但当时从路易十五到蓬帕杜夫人再到大大小小的贵族，可以说几乎整个巴黎的上流社会人士都沉溺于这种趣味中。布歇通过不厌其烦地描绘希腊神话中男神与女神间调情、恋爱、拥抱等场景来获取权贵们的宠幸。

布歇的“识时务”使他名利双收。1755 年，布歇开始担任皇家织造厂总监，十年后，他成为宫廷画师，还成了蓬帕杜夫人的绘画教师和最受宠幸的画家。布歇为蓬帕杜夫人画了许多肖像，其中最著名的是《德·蓬帕杜夫人》这幅。画中的美人儿高贵、典雅、庄重，她的身体纤细优美，服饰瑰丽华贵，屋子里随意散落的饰物表明了她的身份，而手上及书橱里与桌下随意而放的书籍衬托出她的博学多才。虽然对人物的刻画谈不上生动，但描绘美人繁复的服饰时那种极为细腻精到的笔法，不得不令人佩服。

到了 18 世纪中后期，以狄德罗为代表的百科全书派提倡科学知识、推崇理性，具有纵情享乐之风的洛可可艺术受到了责难与抵制，而作为洛可可绘画艺术的典型，布歇的作品也的确存在许多明显的缺点。但不可否认的是，他曾准确地捕捉到当时最流行的时尚，并在有生之年把这种风流优雅、香浓脂艳的生活表现得淋漓尽致，称得上是洛可可这一艳情艺术领域的大师。

布歇《德·蓬帕杜夫人》

“艳情艺术”最后的代言人
——弗拉戈纳尔

画家：弗拉戈纳尔（Fragonard，1732—1806）
国籍：法国
代表作：《舞蹈家吉马尔》
类型：油画
艺术风格：洛可可艺术

小事务员的大好前程

在法国南部，有一座名叫格拉斯的小城，它矗立在距戛纳和尼斯不远的一片山丘上，拥有迷人的阳光、金色的沙滩，古色古香的建筑使它看上去颇具历史厚重感，而这座小城最大的特色是到处栽满了鲜花：蔷薇、玫瑰、茉莉、香子兰……馥郁芬芳的花朵不仅使得这座地中海小城更具浪漫风情，还为这里发达的香水业提供了重要原料。被称为“洛可可艺术最后一位大师”的弗拉戈纳尔便诞生于这座闻名遐迩的香水之城，他的父亲是城里一名手套商的助手，但在弗拉戈纳尔6岁时因故破产，于是举家迁到了位于北部的巴黎居住。

与多数画家不同，弗拉戈纳尔并未从小习画，15岁的时候，他曾在一家事务所当小职员。不过，弗拉戈纳尔对这份四平八稳的工作并没有多少热情，一有空闲他就拿起纸笔练习素描。几个月后，他母亲看他对绘画实在喜欢，就将他送到了著名画家夏尔丹的画室去习画。

夏尔丹是皇家学院的院士，擅长静物画，绘画风格平易、朴素，具有平和亲切之感。1728 年，他凭借《鳐鱼》一画一举成名，晚期以家庭风俗画为主，主要表现寻常小人物的日常生活。不过，夏尔丹的写实主义大概并不对弗拉戈纳尔的胃口，大约半年后，弗拉戈纳尔就离开启蒙老师夏尔丹，抱着一堆素描作品去找当时以素描轻快、画风优雅著称的流行画家布歇去了。

布歇看到了弗拉戈纳尔潜在的才华，对他十分器重。在布歇的用心调教下，弗拉戈纳尔学得很快，没过多久就将洛可可艺术的绘画精髓学到了手。

1752 年，年仅 20 岁的弗拉戈纳尔受恩师布歇推存，以《耶罗波安祭献神像》参赛并一举夺得了“罗马奖”，为自己争取到了到罗马游学的可贵机会。在罗马期间，他结识了日后对他影响巨大的两个人物：一个是画家罗贝尔，另一个是收藏家、业余版画家兼赞助人珊一依。1761 年，在珊一农的资助下，弗拉戈纳尔游历了意大利北部的艺术重镇，大大开拓了眼界。

从意大利游学归来时，弗拉戈纳尔尚不到 30 岁，他年轻气盛，富有激情，也富有远大理想。一回到巴黎，他就着手绘制《大祭司克里休斯牺牲自己拯救克莉尔》这一历史题材的大作。1765 年，这幅新鲜出炉的巨幅油画在艺术沙龙展出时引起了轰动，国王路易十五花重金买下了此画，这令弗拉戈纳尔一举成名，并由此成了皇家美术学院的院士。曾经的事务所小职员前程一片大好。

洛可可世界的“调情圣手”

当弗拉戈纳尔进入宫廷时，蓬帕杜夫人的时代已经过去，这个美人儿在讨好路易十五上耗尽了精力，年仅 43 岁就香消玉殒。曾与她度过了 20 年蜜月期的路易十五并没有因此悲伤欲绝，他很快就有了新宠——杜巴利夫人。

与冰雪聪明、多才多艺的蓬帕杜夫人一样，杜巴利夫人虽在成为国王的情妇之前曾是高级妓女，却也十分醉心于艺术，对艺术家的资助十分慷慨。弗拉戈纳尔就是最受杜巴利夫人关照的画家之一。

有意思的是，进入皇家美术学院后，弗拉戈纳尔的画风突然发生了巨大转变，他不再创作大型画作，而改为专门为富有的收藏家绘制温馨亲密或具有田园风光的作品，以装饰上流社会那些豪华府邸。一些人批评弗拉戈纳尔放弃崇高理想成了金钱的俘虏，但谁又能说将洛可可风发挥到极致不是弗拉戈纳尔的理想呢？

此时，弗拉戈纳尔正年富力强，而他的老师布歇已垂垂老矣。谁将是洛可可艺术领域最杰出的接班人？弗拉戈纳尔心中显然已有答案。而事实也证明，布歇的眼光果然没有错，作为布歇最得意的门生，弗拉戈纳尔发挥自己的才情，同时融合了诸多大师的艺术精髓，将洛可可风的绘画艺术推向更高一层。

《秋千》是洛可可绘画艺术最具代表性的作品，创作于 1766 年，以充满挑逗意味而广受欢迎。画面中，在树荫浓密的花园里，一个戴漂亮帽子、穿粉红色裙子的妙龄女子正在荡秋千，秋千高高荡起，女子像一朵盛开的玫瑰充满甜蜜与欢乐，似乎能让人听见她那银铃

弗拉戈纳尔《秋千》

般的笑声。在画面的左下角明亮处，一个戴假发的浪荡青年正藏身于草木之后，半仰躺着向上看。女子高高踢起双腿，故意甩落一只精巧的高跟鞋。她对面的小爱神丘比特竖起手指放在嘴上，仿佛在示意两人的轻佻调情不要太过，因为这位妙龄少女年老的丈夫正在她的身后为她推着秋千。在这幅画中，弗拉戈纳尔在色彩上沿袭了老师布歇的特色，但构图更为活泼、多变，同时还在其中融入了启蒙老师夏尔丹的一些手法，在传达情感时更为细腻，俨然一名“调情圣手”。

《浴女》是弗拉戈纳尔的另一幅名作，画家用粗犷的笔触、鲁本斯式的色彩造型技巧，描绘了一群在水天一色的美景中沐浴的女子，画中的人体充满动势，展现出一种狂放的激情。

一句话，同样是画艳情，此时的弗拉戈纳尔在艺术造诣上已经超越了老师布歇。他那充满才情、洋溢着强烈欢乐气息的绘画颇受贵族、富商和一些社会名流的赏识。弗拉戈纳尔坐稳了洛可可绘画艺术的第一把交椅，名与利随之而来，他的人生逐渐迈向巅峰。

卢浮宫的管理委员

1788 年，弗拉戈纳尔的人生发生了重大转折。这一年，他 18 岁的爱女不幸去世，弗拉戈纳尔悲痛欲绝，生了一场大病。为了养病，他携家人回到了故乡格拉斯居住。不久，酝酿已久的法国大革命爆发，许多贵族和王室成员被送上了断头台，曾经对他关照有加的杜巴利夫人也成了这场洪流的牺牲品。贵族们充满风花雪月的幸福时代一去不复返，新晋贵族们崇尚英雄的新古典主义，代表第三等级审美理想的市民写实主义美术蓬勃发展起来，弗拉戈纳尔的绘画作品变得无人问津。

1792 年，当 60 岁的弗拉戈纳尔重返巴黎时，失去绘画舞台的他在生活上变得困顿不堪。

其实，人们误解了弗拉戈纳尔，以为他仅仅是一个只会表现男女调情的肤浅画师。事实上，弗拉戈纳尔多才多艺，他的风景画十分出色，他的肖像画则更为精彩，极富才情。他善用大块厚色与飞舞的笔触来表现人物，画风潇洒奔放，作画手法与传统大相径庭，《狄德罗肖像》《舞蹈家吉马尔》等肖像画以今日的眼光看仍令人拍案叫绝，堪称历史上最杰出的肖像画作品。

弗拉戈纳尔《狄德罗肖像》

可是，命运有意叫弗拉戈纳尔晚景落寞凄凉。多亏同为画家的大卫怜悯这个失意的老人，为他在卢浮宫美术馆找了一份管理委员的差事，并为他在卢浮宫安排了一个住处，令弗拉戈纳尔终于有一份稳定的收入得以安度晚年。在卢浮宫，弗拉戈纳尔做的事与创作无关，都是一些诸如整理收藏品、制作收藏目录等琐事。但不久，他连做这些琐事的机会也因拿破仑扩建卢浮宫美术馆的计划而被剥夺。

1806 年，尝尽人间富贵与贫苦滋味的洛可可绘画大师弗拉戈纳尔因脑溢血与世长辞，去世时贫困交加，却为后世留下了数千幅素描作品、大量习作和版画草稿的丰厚遗产。

浪漫主义艺术的先驱

——戈雅

画家: 弗朗西斯科·何塞·德·戈雅（Francisco José de Goya，1746—1828）

国籍: 西班牙

代表作:《1808 年 5 月 3 日夜枪杀起义者》

类型: 油画

艺术风格: 浪漫主义

为皇家织造厂绘制壁毯

19 世纪是一个激荡的时代，随着资产阶级和旧贵族之间展开最后的较量，旧世界在这个时代终结，而一个熠熠生辉的崭新世界从旧世界的废墟中屹立起来。社会的巨大变革促使文化艺术也发生着剧变，强调个人主观情感、追求新奇的浪漫主义应运而生。

西班牙画家戈雅是浪漫主义艺术的先驱，他出生于西班牙北部萨拉果沙附近的一个村子，有说他父亲是个贫苦农民的，也有说他父亲是装饰画家、母亲为地方小贵族的，但不管怎样，戈雅出身平凡，年少时并未接受正规教育。不过在 14 岁那年，戈雅迎来了人生中的第一个转折点：一位教士发现了戈雅身上的绘画才能，竭力怂恿他父亲送他去学绘画。戈雅的父亲当然也希望自己的孩子能出人头地，于是将他送去当地的马尔蒂尼兹画室学画。

戈雅虽天赋异禀，一开始却并不勤奋好学，而是放荡不羁，在马尔蒂尼兹画室学画时常常打架斗殴、惹是生非。他的这种叛逆行为，也许可解释为一个天才在没有找到适合自己的土壤时所表现出来的无所适从。这种无所适从影响了他艺术才华的发挥，以至于他两次投考圣费南多皇家美术学院都未被录取。

1769 年，戈雅随着一队斗牛士前往意大利旅行，并在那里拜一位那不勒斯画派的画家为师，开始绘制宗教画。从他早期的画作看，戈雅已经掌握了巴洛克绘画的技巧，并对大块明暗风格表现出极大兴趣。不过这些画并不精彩，想以此来预测戈雅的未来未免为时尚早。

戈雅真正发现自己，是回到西班牙马德里，并接手为皇家织造厂绘制葛布兰花毯草图之后。这一订单是戈雅通过好友巴依也乌的关系获得的。巴依也乌是戈雅的好友，也是一位画家，从他妹妹嫁给戈雅一事看，他应当十分欣赏戈雅的才华。

言归正传，尽管戈雅绘制葛布兰花毯草图时必须按织造厂的要求来，绘画才能未免会受限制，但葛布兰花毯的图样绘制无须像油画那样必须具备学院派的完整性，且其题材往往带有民间特色或取自当时的生活，这使得戈雅有极好的机会学习西班牙本土艺术的特征，并在绘画时更直率、更真挚地表现自己的幻想。正是通过自由的表达，戈雅开始慢慢发现自己。《阳伞》是戈雅挂毯系列作品中最美丽、最精致的一件，具有强烈的色彩，浪漫的气氛，鲜明的人物性格，质朴的乡间情怀——这些特征，已开始散发出具有戈雅独特风格的魅力。

戈雅《阳伞》

到底是穿衣还是脱衣?

戈雅无处安放的"艺术荷尔蒙"在为葛布兰花毯画图样时得到了些许释放，这件技术活带给戈雅的不光是自由作画的感觉，还为他铺平了走向成功的道路。凭借自身才能，戈雅从壁毯草图画匠中脱颖而出，成为备受查理三世器重的宫廷画师，这使他得以自由出入宫廷，从而能一睹收藏在皇宫里的委拉斯开兹、伦勃朗等大师的作品。

戈雅曾说，委拉斯开兹、伦勃朗和大自然是他作画的三位老师。他通过模仿委拉斯开兹的作品向大师致敬，并在模仿中大幅提升了自己的作画技艺。他的肖像画具有洛可可风格，画得极佳，如《伊莎贝拉·德·波塞尔》便是西方肖像画中的一幅精品，画的是一个翻译家

戈雅《穿衣的玛哈》

的妻子，戈雅以豪爽的笔触和单纯的色彩塑造了一个西班牙年轻美妇的典型：她明亮的双眸饱含自信和坚定，健美的身体充满青春活力，袒露的胸颈透着无限诱惑，而她身上质朴无华的气质更是与珠光宝气、矫揉造作的寻常贵妇形成鲜明对比，使她格外具有魅力，以至于艺术评论家柯尔宾斯基忍不住赞叹道：“波塞尔的自然美和饱满的生命力，使我们心神迷恋。”

但波塞尔显然不是戈雅笔下最著名的女性。

那个让戈雅扬名世界、同时也令他以不道德的罪名身陷舆论风波、并被宗教裁判所传唤的女人叫“玛哈”，戈雅为她画过两幅画，一幅是《裸体的玛哈》，另一幅是《穿衣的玛哈》。《裸体的玛哈》画的是一个举起双手、斜倚在沙发上、摆出一副颇具挑逗性的姿势，用一种含情脉脉并令人无法逃避的眼神看向画外的年轻女子。《穿衣的玛哈》在构图和人物形象上几乎与《裸体的玛哈》一模一样，唯一的区别就是戈雅用酣畅淋漓的小笔触为该女子穿上了衣服。

有研究者认为，“玛哈”并非人名，而是西班牙十七八世纪庶民间流行的俚语，名媛淑女被称为“玛哈”，与之对应的男性则被称为“玛奥”。然而，戈雅却因为这个“玛哈”惹来了一身官司，同时还因此惹上了一身桃色传闻。

关于画中“玛哈”究竟是谁，戈雅为什么要给她穿上衣服，坊间流传着不同说法。

有人认为《裸体的玛哈》中的模特是当时一位显贵的宠姬，戈雅曾受邀为她画过肖像。画家被这个女人的美丽所打动，于是回家后凭借想象又创作了一幅该女子的裸体画，即《裸体的玛哈》。据说那位贵族知道此事后十分气愤，认为戈雅戏弄了他，拔出刀气势汹汹地赶到戈雅家要跟画家拼命。戈雅事先得到朋友通报，为平息这位贵族的怒火，在他赶来之前又以飞快的速度创作了《穿衣的玛哈》。

还有一种说法，认为《裸体的玛哈》中的模特实为第十三代阿尔巴公爵的夫人，依据是戈雅曾受邀在公爵夫人的宅子里与夫人共度过大约一年的时光，时间恰是他创作该画前后。人们就猜测画家很可能与这位夫人之间有过那么一段风流韵事。

此外，还有人认为《裸体的玛哈》一画的主角是女公爵玛利亚·特蕾莎·德·席尔瓦，她与画家相识时恰值 24 岁妙龄，美丽、任性、迷人、骄纵又聪明，令画家对她一见倾心。一位女公爵当然不可能赤身裸体站在画家面前当模特，于是人们猜测，最大的可能性就是戈雅先为女公爵画了《穿衣的玛哈》，但就在完成这幅画作之后，一个大胆的念头突然攫住了他：这个美丽的女人倘若不穿衣服会怎样呢？正是在这个念头的驱使下，画家为这个女人除去了身上的衣服，画下了《裸体的玛哈》。

“理性沉睡则群魔乱舞”

18 世纪 90 年代，当画家戈雅用油画笔和七彩的颜料画下一幅又一幅精美画作时，不觉时光飞逝，他已步入中年。他的妻子不断怀孕，同时也不断流产，他自己的身体也状况不佳，被经常出现的耳鸣、眩晕、昏厥和半盲折磨得死去活来。而此时，西班牙的近邻法国正发生着一场史无前例的大革命，吉伦特派、雅各宾派、热月党人轮流执政，革命的浪潮一波高过一波。最后，法国执政党的最高权力落到了小个子军人拿破仑手里，这个极富野心的军事奇才亲手缔造了法兰西帝国，并开始了全面的军事扩张，邻近法国的西班牙自然不可避免卷入了这场侵略与反侵略的战争。

生活在这样的时代，虽然遭受着耳病和眼病的折磨，戈雅的头脑却似乎变得更加敏锐。他的画风陡然发生了剧变，早年那种洋溢着欢快与青春活力的画作从他笔端消失了，取而代之的是一系列充满愤怒激情与冷静思考的寓言式作品。

铜版组画《加普里乔斯》又名《狂想曲》，共由 80 幅绘画构成，是戈雅这一时期的杰出代表作品。

戈雅画穿着医生的大褂为病人看病的驴，发出“他会死于何症？”的疑问；他画将驴奋力扛在背上的男人，并将此画命名为《你不能也得能》；他画丑陋不堪、瘦骨嶙峋的纺纱老太婆；画被捆绑在一起被猫头鹰踩踏的男人和女人；画可怕的骑着扫把的巫婆带着一名年轻女子飞上天空的《可爱的老师》；也画被恶魔环绕的无处可逃的美丽少女……

这一系列组画风格杂糅，充满幻想与讽刺，乍看之下似乎荒诞不经，实际却是内涵深刻的一则则清醒的寓言，是对风雨飘摇、面对内忧外患的西班牙现实社会最真实的写照。

对于自己作画的目的，戈雅无意隐藏，在《加普里乔斯》组画的第 43 幅画面上，他用尖利的刻刀刻画了一个埋首趴在桌上沉睡的人。他的身后，夜行的蝙蝠和猫头鹰成群扑向他，擅长潜伏和偷袭猎物的猞猁在他脚边圆瞪双眼，沉静的夜危机四伏、充满恐怖气息，而在画作的左下角，画家用很大的字母赫然表达了自己迫切想要表达的情感与思想：**“理性沉睡则群魔乱舞。”**这句话明确表达了他对时局的不满。

可惜，在那个众人皆醉我独醒的年代，能真正欣赏戈雅的人并不多。据说这组《狂想曲》版画一共印制了 300 套，但最终卖出去的尚不足 30 套。原因是公众认为这套作品令人困惑，具有潜在危险，而且还有亵渎神灵的嫌疑。

身为宫廷画师，戈雅敢于如此作画是极其勇敢的，要知道，当时的西班牙正处于黎明前的暗夜时刻，可恨的异端裁判所仍在疯狂发挥淫威，戈雅一个小心就可能被疯咬一口，但戈雅依然我行我素。除了铜版组画，他还画了一系列充满讽喻意味的油画，如《稻草人》《疯人院》《鞭身教徒的游行》《查理四世一家》等。在《查理四世一家》中，画面用色富丽堂皇，人物穿着金银闪耀，但身挂勋章绶带的国王看上去平庸无能，身居画面中央的皇后神情傲慢、相貌丑陋，他们的孩子也看上去平凡无奇。总之，国王一家看上去颇像暴发户，完全没有贵族应有的仪态。当然不是戈雅不会画画，他只是不愿趋炎附势，不愿为刻意美化讨好王室与贵族而污染了自己的双手。这就是戈雅，这就是一个伟大画家对这个世界的反思，以及与他所不满的世界对抗的方式。

戈雅《查理四世一家》

拿着“茄子”的爱国者

1808 年，西班牙发生了一件不知该喜还是该悲的大事件：拿破仑羁押了西班牙王室成员，并宣布西班牙国王的王冠属于他的哥哥约瑟夫。因为拿破仑的到来，臭名昭著的异端裁判所被废，他的自由宪法也给死气沉沉的西班牙带来了一缕清新的空气。但 5 月 2 日，当马德里人目睹法国士兵将年仅 13 岁的小王子捆绑起来塞进马车强行送去法国时，突然意识到发生了什么，于是爆发了马德里市民起义，一场反侵略的战争由此打响了。

从情感上讲，戈雅对被驱赶下台的西班牙王室并无好感，内心对拿破仑颁布的自由宪法是持赞赏态度的，但他毕竟是西班牙人，爱国的血液在他体内沸腾，令他无法心平气和地接受法国人的统治。然而，要站出来公开反抗法国人似乎又缺乏那么一点勇气，毕竟他不过是个手无寸铁的画家。衡量再三之后，戈雅做出了一个既能保全自己又不影响他爱国的决定——表面上，他接受约瑟夫颁发给他的被嘲讽为“茄子”的“西班牙勋章”，实际上，却怀着满腔的爱国之情创作了《挑水人》《磨刀匠》等反对战争的画作。

戈雅对战争的思考是冷静的，也是现实的。他在版画《战争的灾难》中如实画下他亲眼所见的充满血腥、生灵涂炭的恐怖景象：一个农民向一名尖叫着的法国士兵举起利斧；难民一路逃亡跋涉；面目全非的尸体挂在树上……

然而，戈雅既不偏袒西班牙人，也不丑化法国人，他画的是血淋淋的战争的真相，充满丑陋、血腥、混乱和不公，所有无辜受害的人在他笔下都是悲惨可怜的，所有屠杀者在他笔下都面目可憎。

在那个战争的年代，戈雅知道这组版画可能带给他的潜在危险，画完这些画后，他小心翼翼地将它们藏了起来。这组版画直到他去世后35年才得以问世。

除了《战争的灾难》，戈雅最著名的战争题材作品是《1808年5月3日夜枪杀起义者》。在戈雅之前，还从未有人如此忠实地在画布上描绘过枪决的场景。创作这幅画时，长达6年的反法战争已经结束，王储费尔南多在英国人的支持下凯旋，推翻自由宪法，恢复专制统治，并对曾经投靠法国人的叛国者进行了无情的报复和惩罚。接受“茄子”勋章的戈雅为避灾祸，于是接受委托，创作了纪念5月2日至5月3日的爱国事件的作品。除《1808年5月3日夜枪杀起义者》，戈雅还画有《1808年5月2日的起义》。不过，新国王费尔南多对这两幅作

戈雅《1808年5月3日夜枪杀起义者》

品并不感兴趣，这两幅作品创作完成后被弃之于角落无人问津，直到半个多世纪后才公开展出。

“黑色油画”系列

法国侵略者被赶走了，西班牙人民却陷入了更深的灾难，他们的新国王费尔南多七世是个蠢笨粗野的家伙，一回国便宣称这个国家太自由，并迫切使出各种收回自由的招数，异端裁判所又像疯狗一样开始四处扑咬，西班牙一夜间进入了被称为“黑暗的十年”的历史。

尽管戈雅通过两幅爱国油画顺利化险为夷，当回了宫廷画师，但他也同西班牙的普通民众一样时刻生活在战战兢兢中，他被异端裁判所传唤就在这一时期。生活在这样一个充满压抑与白色恐怖，毫无自由可言的国度，戈雅非常痛苦，身体上病痛的加重更加深了他的痛苦，可他的痛苦无法呐喊出来。

为宣泄内心的愤懑与不满，为驱逐折磨他内心的恶魔，从 1819 年起，戈雅开始创作“黑色油画”系列。

此时，戈雅已经辞掉了公职，他在马德里郊外购置了一所住宅，将其命名为“聋人屋”，巨幅的“黑色油画”系列就画在“聋人屋”的墙壁上。这组绘画主题阴郁，大面积运用黑色，展现了人世的癫狂与死亡。

《吞食其子的农神》是“黑色油画”系列中最为著名的一幅，以阴暗恐怖闻名，画的是罗马神话中农神萨图尔努斯为防止儿子们发生夺权斗争而将他们全部吃掉的故事。画中的农神毛发凌乱，瞪着白色大眼，张着黑洞洞的大嘴，正用双手紧紧抓着一具血淋淋的尸体啃咬，令人毛骨悚然。

戈雅《吞食其子的农神》

《女巫安息日》也是该系列中十分出众的一幅，画面中，包着白色裹尸布的尸体从坟墓中爬出，作为魔鬼化身的山羊监视女巫们集会。女巫们面露惊骇表情，惶惶不安，右下角被蒙住眼、双手插在暖手筒里却平静端坐的少女，更增加了画面的恐怖气氛。

此外,《木棍决斗》《两位老人喝汤》《风景中的人头》等，也都是这组“黑色油画”的组成部分。

从艺术上来讲，戈雅的这些画作构图别致新颖，具有强烈失衡感，画作充满幻想，借以表达的视觉语言也十分新颖，具有前瞻性，它们影响了后世许多画家的创作，戈雅也因此被视为浪漫主义及现代主义的先驱。但从这些画作的创作动机来看，一些批评家根据这些怪异的、令人不安的作品猜测当时戈雅很可能已陷入癫狂。不过，那个时期戈雅的书信证明，虽然他已是年逾古稀的老人，头脑却仍旧清醒——他没有癫狂，癫狂的是当时的西班牙，是那个他身处的世界。

1824 年，戈雅终于受够了他生活的那个世界，他以需要去法国泡温泉改善健康为借口申请了一张护照，离开故土来到了波尔多，并在 4 年后因病去世，埋在了这异国他乡的土地上。

左手洛可可，右手大革命的法国新古典主义先驱
——大卫

画家：雅克 · 路易 · 大卫（J.L.David，1748—1825）
国籍：法国
代表作：《马拉之死》
类型：油画
艺术风格：新古典主义

"那些老古董诱惑不了我"

雅克・路易・大卫是法国 19 世纪最杰出的画家之一，被奉为新古典主义画派的先驱。

所谓新古典主义，是兴起于 18 世纪下半叶，以重振古希腊、古罗马艺术为信念的一股新的艺术潮流，其艺术作品呈现出一种宁静、典雅和理性主义精神。之所以在"古典"之前冠以"新"字，是因为它与流行于 17 世纪的古典主义有着本质上的不同。古典主义尊重自然，强调客观描写，新古典主义却习惯于用夸张的手法将对象理想化、完美化，且带有浓厚的法国大革命时期的时代印记。

新古典主义是反巴洛克与洛可可风格的，有趣的是，作为该流派

的先驱人物和最杰出的代表，大卫一开始却是洛可可画派中坚力量布歇的学生。据说布歇是大卫的远亲，当大卫因家庭变故被寄养在身为皇家砖瓦匠的叔父家时，在亲友的帮助下，大卫被送到了布歇的画室去学画。

不过，大卫的气质并不适合洛可可，这从他创作于 18 世纪 90 年代的《自画像》中可以略窥一斑：他没有戴精致的打着卷的银灰色假发，也没有穿质料上乘、做工一流的绅士服，恰恰相反，他的一头短卷发随意耷拉下来，好像起床后还没来得及梳头，外套的上半件大敞着，领子一边高高竖起一边却翻下来，看上去有些衣冠不整，他的眼睛虽小却闪耀着坚毅的光芒，他那微微翘起的嘴巴也显示着他个性的倔强，他看上去少年老成，丝毫不具备典雅的气质——这样一个人，怎么可能画好极其妍丽的洛可可风格的画作呢？

尽管大卫很努力，但他在创作洛可可风格的绘画方面毫无天分，以至于连续 3 次参加当时法国皇家艺术学院的罗马奖考试都落选了，直到 1774 年第 4 次参加考试，他才终于获得罗马奖，得到去罗马学习艺术的机会。

大卫十分珍视自己耗费九牛二虎之力才得来的留学机会，可是他却告诉朋友们，他之所以要得奖，并不是为了去罗马看艺术，而是为了荣誉，他甚至还说："那些老古董诱惑不了我。"不过，到意大利后大卫应该很惭愧自己说了大话。因为一到罗马，他就被那里的古罗马艺术遗迹和文艺复兴大师们的作品震撼了，直到此时，他才见识了什么才是真正的艺术。在罗马的 6 年，大卫如饥似渴地学习着这里的古典艺术，据说光是素描一项，他就画了整整 4 年。

大卫《自画像》

烈士们的专属画家

1780 年，当大卫结束罗马的留学生涯回到巴黎时，他已经脱胎换骨、经历了一场精神蜕变。他的改变不只是在艺术风格上，更在于思想——意大利的共和制感染了他，使他产生了强烈的反对封建专制的政治热情。这种政治上的热情在大卫结识罗伯斯庇尔等革命党人后变得越加高昂，使他产生了艺术当为政治服务的思想。大卫说："艺术必须帮助全体民众的幸福与教化，艺术必须向广大民众揭示市民的美德和勇气。"

大卫是这么说的，也是这么做的。1784 年，他创作了大幅油画《荷拉斯兄弟之誓》。这幅画取材于罗马故事，画的是罗马城与毗邻的阿尔贝城争夺最高统治权，为避免大规模流血，两城决定各派三名勇士进行角斗，胜利一方即可获得最高统治权。荷拉斯三兄弟是代表罗马城的三名勇士，而他们的对手中有一位勇士是他们中一个姐妹的未婚夫。《荷拉斯兄弟之誓》画的就是兄弟三人临行前在老父面前宣誓要为祖国放下私情、宁可战死沙场也绝不无功而返的画面。大卫用直与曲、刚与柔的对比手法表现了这则故事的戏剧性情节，这一主题正符合大革命前夕的政治气氛，因此展出后获得了极大成功。

继《荷拉斯兄弟之誓》之后，1787 年，大卫又创作了《苏格拉底之死》。哲学家苏格拉底死于自己的信仰，当他的亲友表现出极大悲痛时，他却表现得镇定自若，且高举左手，表明信仰不变。这很容易令人联想到同样为信仰而死的革命者，而这正是大卫创作这幅画的寓意所在。

此时的大卫，与其说是一个画家，不如说是一名战士。尤其在法国大革命拉开序幕之后，大卫成了一名热情的革命者，绘画之于他恰如号角之于号兵，他创作的目的就是歌颂共和、鼓动革命。在法国大革命期间，他创作了大量歌颂烈士、宣传革命的画作，其中最为有名的莫过于《马拉之死》。

《马拉之死》画的是发生于 1793 年 7 月 11 日的一场刺杀。该画的主角马拉为雅各宾派的核心领导人之一，为避免迫害常年在地下从事革命工作，以致患上湿疹，每天只有泡在洒过药水的浴缸里才能缓解皮肤不适，他的浴室也由此成了他接待客人的办公场所。在雅各宾派当政后，马拉因卓越的号召能力成为该派的主席。他是一个极为出色的宣传家，因撰写过许多抨击封建统治的文章在民众中享有很高的威望，同时也是一个十分激进的活动家，不断在他创办的《人民之友》报上抨击人民公敌，而这些人民公敌最终都被送上了断头台。与雅各宾派对立的吉伦特派对马拉十分痛恨，于是在 1793 年 7 月 11 日这天，他们派遣一名女士以提供反革命叛徒的名单为借口进入马拉的住所，用暗藏在纸里的匕首刺杀了正浸泡在浴缸中的马拉。

马拉被刺杀的消息一时震动了巴黎。大卫是马拉的朋友，他闻讯后立即赶赴现场。国民公会要求大卫作画纪念此事，大卫毫不犹豫地答应了，并在三个月的时间里完成了《马拉之死》。

《马拉之死》是一幅竖构图的画作，画面非常简洁，背景是毫无修饰的墙面，仅有些微光线的变化。马拉靠在浴缸里，头后仰，面部表情平静，鲜血染红洁白的浴巾。他的一只手无力地垂落在缸外，指尖还拿着鹅毛笔，另一只手拿着字条，可看出当时他正在浴缸里工作。整个画面平静、庄重，省略了一切无关大局的细节，既无纷繁的色彩，

大卫《马拉之死》

也无复杂的透视和道具。这幅画以马拉特有的身份及画作简洁有力的形式而成了法国大革命时期的名作。

为皇帝服务

雅各宾派曾经一度统治法国，但很快在1794年的“热月政变”中倒台了。罗伯斯庇尔被逮捕入狱，大卫也跟着倒了大霉。不过，大卫没有像他曾经作画颂扬过的革命烈士那样“宁为玉碎，不为瓦全”，因此被监禁一年多后就获得了特赦。

在监狱里的日子肯定不好受。大卫变“聪明”了，他决心远离政治。然而，1797年，当他在受邀参加拿破仑的一次庆功晚宴上见到拿破仑时，立刻就像感染了热病一样被拿破仑的个人魅力迷倒了。他曾激动万分地说：“波拿巴是我心中的英雄！”

大卫似乎忘了曾因过分热衷于政治而下狱的教训，他开始追随拿破仑，心甘情愿当起了这个小个子巨人的御用画家。《跨越阿尔卑斯山圣伯纳隘道的拿破仑》是大卫对拿破仑的献礼。在这幅画中，大卫塑造了一个身披红色斗篷、骑着一匹奔腾的白马的英姿飒爽的英雄，尽管事实上，当时拿破仑骑的并不是马，而只是一匹骡子。

1807年，在拿破仑加冕之后，大卫又花了整整两年时间，创作了长达近10米的巨幅画作《拿破仑加冕》。这是一个历史性时刻，据说为了画好这幅画，大卫还将典礼中出现过的不少人请去当模特。他画得一丝不苟，将每个人物都画得十分鲜明生动。为烘托加冕典礼的气氛，他还在画中添加了当时并未出席典礼的皇帝的母亲，并将矮小的拿破仑画得十分高大庄严。

大卫《拿破仑加冕》

大卫对拿破仑充满崇拜之情，拿破仑也对大卫这个御用画师宠爱有加，使大卫逐步走上了一个艺术家的人生巅峰。可惜，曾经创造过战无不胜神话的军事奇才却在 1812 年之后变得有点背运，先是错攻俄国，再是苦战莱茵，而 1815 年的滑铁卢战役更是耗尽了拿破仑的气数。此后，拿破仑再无力回天，他兵败退位，并被流放到大西洋的圣赫勒拿岛，最终老死于这座小岛。

拿破仑退位后，波旁家族复位。大卫在法国待不下去了，只好迁居布鲁塞尔。据说当时的法国国王爱惜大卫的才华，有意愿与这个一心想要推倒波旁王朝统治的画家重归于好，前提是大卫愿意低头道歉。但大卫义正词严地拒绝了，他颇具尊严地说道：**“别再和我提要做些什么才能回来。我不需要做任何事。该为我的祖国做的事，我都已经做了。”**大卫的回答显然得罪了国王，1825 年他在布鲁塞尔病逝后，他的家人想将他的遗体运回法国安葬，结果遭到了拒绝。就这样，一生怀着革命热情与爱国激情的画家大卫，到头来却永远埋在了异国的土地上。

固执又自我的新古典主义卫道士
——安格尔

画家： 安格尔（Ingres，1780—1867）

国籍： 法国

代表作：《大宫女》

类型： 油画

艺术风格： 新古典主义

大卫的学生

雅克·路易·大卫不是新古典主义的创始人，在他之前，他的第二位艺术引路人约瑟夫·马里·维恩已经在按照新古典主义的样式进行创作，但大卫绝对是新古典主义的第一人，不仅他个人的画作充满新古典主义色彩，成为那个时代新古典主义画派的巅峰人物，他还培养了一批各有所长的新古典主义派弟子：热拉尔擅长用微妙的色调表现人体，凭借其卓越的绘画才能和能言善辩、举止高雅的个人魅力，成了当时广受欢迎的肖像画大师，无论是法兰西第一帝国的要人，还是后来王朝复辟后的王公贵族，都对他十分喜爱；女弟子维涅·勒布仑夫人则是一位皇后肖像画圣手，尽管她最著名的画作是一幅表现她与女儿母女亲情的《母女图》；吉洛德是大卫的另一名得意门生，是继大卫之后新古典主义众望所归的领袖，他的特色是使新古典主义画作具备浪漫主义的气息；在大卫的杰出弟子中，普吕东也十分有名，这个其貌不扬、大器晚成的男人有着一颗充满诗意与温柔的心灵，与老师大卫相比，他的画作少了些许理性，多了一些优雅与恬静；大卫的另一名弟子格罗也十分优秀，他善于在画面上刻画宏大的历史性题材，如《雅法城的黑疫病人》《埃劳战役》都是他的代表作品，据说大卫对他的评价是：**“在历史画方面，没有人可以和格罗相媲美。”**

大卫的杰出弟子如此之多，他们共同组成的新古典主义阵营一时左右着法国大革命时代的艺术审美，取代了洛可可艺术，成了风靡一时的主流艺术。

但 19 世纪 30 年代，随着法国大革命渐渐落下帷幕，人权思想深入人心，新古典主义似乎变得有些不合时宜，而主张尊重个性、强调自我、注重个人情感的浪漫主义渐渐成为新的时代风尚。恰在此时，兴许是命运使然，当年那些扬名一时的新古典主义画派的佼佼者都纷纷离世：1824 年吉洛德去世，1825 年大卫去世，1835 年格罗去世，两年后热拉尔去世，五年后维涅·勒布仑夫人去世……新古典主义阵营中，大卫唯有一个弟子一直活到了 19 世纪后半叶，以一己之力与新兴的浪漫主义做着顽强对抗，此人便是 19 世纪法国最杰出的新古典主义大师之一——安格尔。

安格尔出生于法国西南城市蒙托邦。蒙托邦是一座依水而建的城市，著名的塔恩河穿城而过，这里地势平坦、水源充足，是法国南部重要的交通枢纽，也是比利牛斯大区仅次于图卢兹的大城市，气候温和，很少有极端天气。安格尔的父亲是一位艺术家，安格尔自小在浓浓的艺术熏陶中长大，11 岁进入图卢兹美术学院学习，16 岁离开故乡

安格尔《大宫女》

来到巴黎，投身于当时大红大紫的大卫门下习画，成为大卫的得意门生。

自身天赋异禀，再加上勤奋好学，十几岁时安格尔就已画得十分出色。然而，或许是蒙托邦温和的自然气候影响了安格尔，使他性格中多了一种静穆与典雅的气质。这种气质最终使他在 26 岁那年与老师大卫分道扬镳。据说是因为这一年，安格尔展出了《里维耶夫人肖像》等一系列画作，这些画作用今天的眼光看无疑是杰作，但在当时，其“独特的、革命的、哥特式的”风格引起了老师大卫的不满和愤怒，大概他认为安格尔没有继承他的衣钵就是对他的背叛。

安格尔不是习惯于曲意逢迎讨好他人的软蛋。恰恰相反，他很固执；或者说，他很执着。1806 年，招致大卫不满的安格尔前往意大利游学深造，此间深深地迷上了文艺复兴大师拉斐尔的绘画，于是一生追随拉斐尔，一心将恢复那种完美无瑕的人体画法视为自己的艺术理想。

带着这样的艺术理念，1808 年，28 岁的安格尔创作了《瓦平松浴女》。油画中的人物背向观众，侧头坐在一堆松软的床被上，姿态迷人，令人产生无限遐想。数年后，他又创作了著名的《大宫女》，那被

安格尔《瓦平松浴女》

故意拉长的夸张的人体格外吸引人的眼球，而近似平涂的上色笔法则使整幅图洋溢着一种接近东方美的新趣味。

此时，论艺术风格，安格尔的绘画仍属于新古典主义的范畴，但他与老师大卫的画风已迥然不同。如果说大卫擅长用简洁而刚劲有力的笔触来刻画斗志昂扬的战斗英雄，具有英雄般的阳刚之气与雄性的刚强和硬朗之美，那么安格尔则喜欢运用曲线作画，线条就像律动的音乐，在画布上奏出完美的和声，他的绘画宛如安静典雅的贵妇，气质柔和、精美，且不失典雅与洗练。

最爱圆形和美人

安格尔作为生活于那个年代的艺术家当然也画革命，画战争，并且他似乎有志于成为历史画方面的大师，但这方面的题材他创作得不多，画得也没那么出色。因为似乎只有女人，只有那些青春靓丽的女人，才是他艺术灵感的源泉，才能激起他源源不断的创作欲望。

安格尔既画神话传说中的女神，如《维纳斯》《帕修斯和安德洛墨达》，也画宗教人物，如《百合圣母》，当然也为俗世的公主、贵妇与小姐画肖像，如《穆瓦特西耶夫人》《布格罗利公主》《路易斯·奥松维尔伯爵夫人》等。不得不说，他是一个在画布上塑造美丽女性的高手，他的绘画无比优美精致，画中的女人无不静穆典雅，连他的竞争对手也不得不夸赞他的肖像画的确画得很美。

不过，千万不要以为这些肖像画可以一蹴而就，要知道，它们耗费了安格尔大量的时间和心血。譬如《穆瓦特西耶夫人》，安格尔从 1846 年就着手画了，可直到 1851 年才最终完成。就在这幅肖像即将完成时，安格尔写信向一位朋友抱怨：“……这些倒霉的肖像画置我于这般苦境，这是最后一次画我那可爱的美人儿了，可现在我还得完成她的项链、戒指、右手的手镯、毛皮椅垫、手套和手帕。然后，还需要在这幅肖像上最后润色补笔和涂上最后一层透明油。这幅画在整整7年中这样沉重地压着我的生活。”

尽管创作一些肖像的过程是如此漫长，以至于有时令安格尔感到无比疲惫与厌倦，但肖像画是安格尔的招牌，他不敢砸了自己的招牌。每次当安格尔面临财务危机时，都是肖像画及时救了场。因此，在创作这些耗费精力的肖像画时，安格尔表现出了极大的耐心与恒心，他对模特观察得极为细致，描摹时更是一丝不苟、极为认真。而他的付出也终于得到了回报：他的肖像画报酬一路猛涨，他在这方面的声誉也渐渐传开。1862 年，安格尔荣获了元老称号。1863 年，家乡蒙托邦给他献了一顶金色桂冠——这都是对安格尔艺术成就的肯定与奖励。

恰如安格尔自己所言：“肖像画在拉我，在杀我。”

肖像画给安格尔带来了名望和荣誉，同时也限制了他的发展。他在自己看中的历史画和宗教画上几乎没什么建树，在肖像画，尤其是女性肖像画上却越走越远。

安格尔爱画女人，而且爱画裸女，他对美人的爱，可以说一直持续到生命的尽头。76 岁高龄时，安格尔创作出了《泉》，看画中手举水罐站在泉水边、如花蕾一般含苞待放的少女，你会以为画家安格尔也正处于三四十岁年富力强的盛年期。不过，安格尔的确从 1824 年就开始创作这幅画了，只是机缘一直不成熟，直到 30 多年后，他才终于完成了这幅伟大的杰作，创造了西方艺术史上又一个古典美人的典型。

安格尔《泉》

82 岁高龄时，安格尔又创作出了《土耳其浴女》，这幅创作于圆形画布上的作品描绘了 20 多个身材丰满、脸蛋圆润的裸身洗浴的女子，这是一幅由无数个圆及圆的变形构成的绘画，无处不在地向观众呐喊安格尔的创作格言："在一切图形中，最美的是圆形。"

最后的卫道士

安格尔迷恋古典艺术，曾由此受益，也因此受限。当法国大革命结束，当艺术的风向与潮流发生改变，当人们对艺术与生活产生了新的向往时，安格尔仍坚守在新古典主义这一边，顽固地与新兴的浪漫主义做着斗争。

然而，为了捍卫新古典主义，安格尔做得似乎有些过了头——他容不得别人对他有所怀疑，更容不得有人在艺术上站在他的对立面。当时，浪漫主义画派有个杰出的代表人物叫德拉克洛瓦，他比安格尔小 18 岁，论辈分当属于晚辈，年轻时也曾追随大卫，在大卫的画室学艺，最终却与众师兄弟分道扬镳，被时势拉到了浪漫主义的艺术道路上。德拉克洛瓦具有热烈的情感，丰富的想象力，在这一点上与被波德莱尔评为"不是安格尔先生在建筑自然，而是自然强制了画家"的安格尔截然相反。性格上的差异造就了安格尔和德拉克洛瓦在艺术上的天壤之别，并最终铸成了 19 世纪法国艺术史上著名的古典主义与浪漫主义的艺术之争：德拉克洛瓦对冷冰冰、矫揉造作、缺乏想象力的学院派提出了公开批评，而在 1834 年已成为皇家美术学院院长的安格尔则凭借自身权威对德拉克洛瓦这只"浪漫主义的狮子"进行了不择手段的打压。

安格尔在对待持不同态度的艺术家时显得有些蛮不讲理。他除了和与新古典主义公开对立的浪漫主义画家关系不睦，对于那些和他持不同理念的艺术家，他也会借助手中的权力想方设法排挤他们。此外，他和自己的学生也常常融不到一起去，因为他不允许创新，不允许他们发展出一丁点儿和他的理念有出入的艺术。安格尔是新古典主义的卫道士，但正是由于他心胸狭窄，或者说他对艺术偏狭的理解，致使新古典主义在他手里走向了衰败与结束。

“浪漫主义的狮子”

——德拉克洛瓦

画家：德拉克洛瓦（Delacroix，1798—1863）

国籍：法国

代表作：《自由领导人民》

类型：油画

艺术风格：浪漫主义

《梅杜萨之筏》掀起的艺术革命

1816 年 7 月，当时由复辟的波旁王朝统治的法国政府派遣巡洋舰“梅杜萨号”前往圣・路易斯港，船上载着 400 多名官兵和少数贵族。由于船长肖马雷对航海知识一窍不通，在他的错误指挥下，“梅杜萨号”撇下随行的小船在大海上高歌猛进，并在穿越西非海岸的一片浅滩时不幸触礁。经过两天混乱的努力后，船长和一群高级官员乘坐救生艇逃命，并对试图登艇的士兵开枪。

救生艇很快远去了。剩下的人则拥挤在一只临时搭制成的木筏上，开始在汪洋大海上随风漂泊。7 月似火的热浪蒸得他们浑身燥热、大汗淋漓，木筏上的水和食物却极为有限。一些人开始生病，一些人跳海自杀，一些人撬开酒桶灌醉自己企图忘却恐惧与烦恼，还有一些人企图砍断缆绳让所有人一起完蛋。人们被绝望、饥渴、愤怒和病痛折磨得死去活来，木筏上的人经历了一场又一场暴动与平息暴动的斗争，在混乱的斗争中，有人被对手杀死，有人被投进了大海。

木筏上的人越来越少，食物和水更是少得可怜。为了活命，那些身体较为强壮的士兵将受伤或生病的同伴活生生地丢进了大海。再后来，木筏上甚至出现了人吃人的恐怖景象。最终，木筏上的 150 人中，只有 10 人死里逃生活了下来。

然而，面对如此惨剧，法国政府采取的措施却更令人心寒：官方只在报纸上发了一条简短的消息来通报此事，玩忽职守、背信弃义的船长仅仅受到了降职并被判刑三年的惩罚。有两名木筏上的幸存者被激怒了，他们向政府上书，却遭到了被解除公职的对待。面对这一结果，两人决定将他们在这个黑色七月所经历的全部过程如实写成报道，印成小册子公开发行。

“梅杜萨”事件一下子引起了舆论爆炸。一个 25 岁的年轻画家在得知这件事后，决定将这一震动法国内外的丑闻搬上画布。他走访了那些幸存者和死者的家属，亲自聆听他们的遭遇，为使画作更真实可信，他还托人扎了一只木筏模型置于他的画室，并请来肝炎病人当模特，这才开始了创作。

1819 年，经过反复修改，在历时 18 个月之后，《梅杜萨之筏》这幅高将近 5 米、宽达 7 米多的巨幅写实油画终于完成了。画面中，大海上漂浮着一只岌岌可危的木筏，海风鼓起床单做的船帆，木筏上有生者，也有死者，死者已被海水泡烂、被海风吹蚀，生者则绝望、悲痛，有人奄奄一息、无力地等待着命运的裁决，有人则带着强烈的求生意愿登上高处挥舞着衣衫。

这幅摄人心魄的巨幅油画在沙龙上一经展出就引起了轰动，它被视为浪漫主义的伟大宣言，在国际上获得了极高评价。而这幅伟大杰作的创作者正是才华横溢的浪漫主义艺术先驱泰奥多尔·热里科。泰奥多尔·热里科是画马高手韦尔内的学生，热里科自幼爱马，一生为马创作了上千幅作品，可叹最终却于1824年坠马身亡，去世时年仅33岁！

在去世前，热里科凭借其充满情感的画作在法国掀起了浪漫主义的热浪。当时，浪漫主义与新古典主义之争已经开始。但1824年，就在热里科去世同年，新古典主义继大卫之后的新领袖吉洛德也与世长辞。于是，这一年成了美术史上划时代的一年——随着两位前辈的离世，新古典主义与浪漫主义两大阵营的新代表人物登上了历史舞台，前者为安格尔，后者则为德拉克洛瓦。

“浪漫主义的狮子”的第一声吼

德拉克洛瓦出生于1798年，他的故乡在法国南部的阿尔代什省，此地崇山峻岭，风景如画，发源于法国中央高原阿斯特附近的阿尔代什河沿着蜿蜒的河谷一路奔流，最终与美丽的罗纳河相会。父亲地位显赫，曾任省长、外交大使和部长等职，母亲则热爱音乐，所在家族出了不少艺术家。德拉克洛瓦在优越的环境中长大，自幼受到良好教育与艺术熏陶，在母亲的影响下，他对音乐和文学产生了浓厚兴趣，而他之所以踏入艺术的门槛，并最终成为“浪漫主义的狮子”，则归功于他的舅舅。1816年，正是舅舅里生奈发现德拉克洛瓦具有绘画上的天才，于是将他送入美术学院学习，德拉克洛瓦因此与绘画艺术结下一生的缘。

在追求艺术的道路上，德拉克洛瓦批判性地从当代及古代的艺术大师身上汲取精华。他曾师从大卫，但并不囿于学院派的教条，提香、委拉斯开兹、委罗内塞、鲁本斯都是他学习的楷模。然而，他并不模仿，他只用心体会，然后从这些大师的作品中汲取自己创作的营养。

对德拉克洛瓦来说，1822 年是值得纪念的一年，因为正是在这一年，他创作出人生中第一幅重要作品。这幅作品名为《但丁之舟》，取材于但丁的名著《神曲》，描绘了头戴月桂花环的诗人维吉尔引领但丁乘小舟穿越地狱的景象。除有力的造型、果断的笔触，这幅画最打动人的还是画面所营造出来的悲剧性感受。这种悲剧性感受来自德拉克洛瓦自身的激情，他将热烈的情感视为艺术的生命，在他看来，**“只有想象力，或者换一种说法，只有感觉的细腻性，才能使人看到别人所看不到的东西”**。

德拉克洛瓦的想象力来自何处？

他知识广博，交友广泛，钟爱文学，热爱音乐，朋友中既有肖邦这样的大音乐家，也有乔治·桑这样的文学家。音乐和文学是德拉克洛瓦灵感与激情的源泉，但直接促使他创作出《但丁之舟》的则是热里科的那幅《梅杜萨之筏》——这幅画的感染力是如此之强，以至于德拉克洛瓦看到它后激动得简直不知该如何是好，他像发了疯一样径直跑回家，开始寻找同样激动人心的创作方法。最终，他怀着满腔的激情，创作出了《但丁之舟》。

如果说德拉克洛瓦是一头“浪漫主义的狮子”，那么《但丁之舟》就是这头雄狮发出的第一声吼。尽管这幅画受到一些保守派的批评，认为它过于火爆，不符合新古典主义提倡的那一套绘画规则，但大卫最心爱的弟子格罗却独具慧眼，不仅说服沙龙的评委接受这幅画，还专门为之配了相称的画框。

“绘画的屠杀”

时间很快进入 1824 年。

1824 年是法国艺术史上不同寻常的一年：这一年，新古典主义的新领袖吉洛德和浪漫主义的弄潮儿热里科相继去世；还是这一年，在拿破仑倒台后一度潦倒不堪的安格尔凭借《路易十三的宣誓》东山再起，并由此当选为美术学院的院士；依然是这一年，被称为“浪漫主义的狮子”的德拉克洛瓦在《但丁之舟》展出短短两年后，创作出使当时画坛为之震动的《希阿岛的屠杀》。

《希阿岛的屠杀》取材于 19 世纪 20 年代的希腊独立战争。自 15 世纪起，希腊就一直处于奥斯曼帝国的统治之下，人民饱受异族统治的磨难。1821 年，觉醒的希腊人发起了反抗土耳其人统治的独立战争，并于次年元月宣布独立。土耳其政府当然不会善罢甘休，于是派兵镇压起义，对手无寸铁的希腊民众进行了血腥屠杀。土耳其政府的残暴行径震惊了整个欧洲，当时欧洲各国许多进步人士纷纷前往希腊支援独立战争，英国诗人拜伦就是众多支援者之一。

德拉克洛瓦没有像拜伦一样径直前往希腊与希腊人并肩作战，而是用绘画的方式记录了这桩发生在希腊土地上的血腥大屠杀。他画下被骑着战马、手持兵器的侵略者拖走的绝望的少女，茫然不知所措的老妇，在已被折磨致死的母亲身上寻找乳汁的婴儿，相依在一起似已失去生之希望的夫妇……以此来声讨土耳其人对希腊的侵略。

德拉克洛瓦《希阿岛的屠杀》

《希阿岛的屠杀》从1822年开始创作，于1824年完成，其间，长达9年的希腊独立战争才进行到一半。1824年，当《希阿岛的屠杀》一画在沙龙上展出时，整个艺术界都为之沸腾——人们从未见过这样的画作，从未见过这样的色彩表达！德拉克洛瓦在这幅画中创造了一种使色彩交相辉映的画法，他用暗色打底，用厚涂的明亮色调加强亮部的表现力，开始强调色彩之间的补色关系。尽管提香、委拉斯开兹、鲁本斯等大师早已能画出色彩间的微妙变化，但在德拉克洛瓦之前，还从未有人在画布上表现过色彩之间的相互关系。

德拉克洛瓦迈出了革命性的一步，这标志着色彩意识的觉醒，标志着现代色彩观念的诞生，但当时的人无法理解他的这一做法。《希阿岛的屠杀》受到了激烈的批评，连曾经赞美过《但丁之舟》、在这幅画的展出上帮过忙的格罗也发了火，毫不客气地说道：**“这不是希阿岛的屠杀，这是绘画的屠杀。”**

尽管受到批评，德拉克洛瓦却我行我素。他不盲从大师与偶像，也不像安格尔那样认死理、一条道走到黑；他是一个理性的探索者，总是孜孜不倦地向古代及现代的卓越者学习。

康斯太布尔是与德拉克洛瓦生活于同一时代的英国画家，比德拉克洛瓦大22岁，他的风景画画得极佳，被称为“历史上最伟大的‘自然风景画家’”，他那外光下的风景画中新鲜、明亮且具有光感的用色，给了德拉克洛瓦很大启发。据说受康斯太布尔色彩的启发，在《希阿岛的屠杀》展出前，德拉克洛瓦还专门以他理解的康斯太布尔色的色彩关系重画了天空。

然而，此时的德拉克洛瓦对色彩仍存在困惑。1826年，他在创作《马里诺·法列罗》时，被人物外套的色彩问题难住了。德拉克洛瓦不知该怎么办，于是驱车前往卢浮宫，决定向他所崇敬的巴洛克艺术大师鲁本斯的作品求教。马车在道路上咕噜前行，德拉克洛瓦凭窗眺望，无意间发现车身在明朗的阳光下呈现出青紫色的投影，在它的衬托下，黄色的车身显得格外耀眼。这一偶然的发现令德拉克洛瓦欣喜若狂，他迫不及待地将色彩互补的原理运用到他取材于拜伦诗作的新作品中，于是便有了被称为“第二号虐杀”的《萨尔丹纳帕勒之死》。

《自由领导人民》

《萨尔丹纳帕勒之死》在沙龙展出时并未获得成功，因为它强烈的

德拉克洛瓦《萨尔丹纳帕勒之死》

色彩、血腥屠杀的情景、充满动荡的场面把当时的艺术家和评论家都吓到了。看惯了新古典主义那些优雅趣味的人乍一接触这样的创新之作的确不易接受，但这也正是德拉克洛瓦天才与勇敢的地方。

1830 年，法国爆发了人民推翻复辟的波旁王朝的“七月革命”，起因是路易十八的弟弟查理上台后取消 1814 年宪法，暂停出版自由，解散国民议会，一系列倒行逆施的行为激怒了法国民众。街垒战的地点距离德拉克洛瓦的住所不远，使他得以目睹这场斗争。德拉克洛瓦对政治不像多数新古典主义画家那样感兴趣，却为这场为争取自由和权利的战斗所感动，于是便以此事件为素材，创作了浪漫主义的又一力作《自由领导人民》。

德拉克洛瓦《自由领导人民》

《自由领导人民》以浪漫和丰富的想象，描绘了高举法兰西三色旗的自由女神半裸着身体，率领参加战斗的少年、头戴礼帽的大学生以及手拿武器的工人和市民在一片硝烟中踏着横陈的尸体，勇敢无畏地迎向敌人的战斗场面。它显示了画家杰出的绘画才能，堪称想象力方面的巅峰之作。

当然，除从文学作品及现实中寻找创作题材，德拉克洛瓦也为一些人画肖像，如《乔治·桑》《肖邦》《墓地少年》《阿尔及利亚女人》等。此外，他的静物画，如《猎狮》《阿拉伯人与马》等，也都代表了那个时代的最高水平。

在人生的最后 20 年，德拉克洛瓦将创作的主要精力放在了几组大型壁画上，它们是波旁宫的国王大厅和图书馆、卢浮宫的阿波罗厅及圣苏尔比斯教堂壁画。尽管年近暮年时疾病缠身，但德拉克洛瓦创作的热情未减，心中的浪漫未减。

1863 年，这头“浪漫主义的狮子”永远地倒下了，但他为后人留下了数千件珍贵的作品，其中包含大量油画、水粉画、水彩画、版画和素描作品。当新古典主义在安格尔的领导和统治下逐步走向衰落时，德拉克洛瓦却用一生的天才与勤奋将浪漫主义推向了全盛。

风景画中的抒情诗人

——柯罗

画家： 让－巴蒂斯特－卡米耶 · 柯罗（Jean-Baptiste-Camille Corot，1796—1875）

国籍： 法国

代表作：《林中仙女之舞》

类型： 油画

艺术风格： 巴比松画派

一个特立独行的年轻人

18世纪末，轰轰烈烈的法国大革命把法国变得充满激荡，充满对抗：旧贵族与资产阶级的对抗；保皇党与革命党的对抗；革命党内部的对抗；统治者与人民的对抗……那个年代，人们心中的热血与激情似乎很容易被点燃，艺术家本应各施其技埋头创作，这时却也形成对抗的阵营彼此争斗。然而，在这样一股急流中，依然有冷眼旁观、置身事外者，他在长达近80年的一生中见证了新古典主义、浪漫主义、现实主义的兴与衰，看这些艺术画派此消彼长，今朝登台明朝谢幕，他自己却既不被学院派刻板的条条框框所囿，也没被浪漫主义充满激情的潮流席卷而走，而是从容淡定地走在自己的艺术道路上，最终自成一家，成为一代大师——他就是19世纪法国最杰出的风景画大师柯罗。

说起柯罗的身世，其实并没有多少惊心动魄或可以被人们拿来当作饭后谈资的逸闻与趣事。1796年，柯罗出生于巴黎卢浮宫附近的一个商人家庭，很小就住进了寄宿学校，在校时学业平平，在艺术上也没有表现出出类拔萃的天赋。可他热爱画画，从学校毕业后，当父亲愿意拿出一大笔钱让他去经商时，他却表达了想学画的愿望。虽然这不符合父亲的意愿，但父亲仍在经济上给了他很大支持。26岁那年，柯罗终于拿起了画笔，先是在米谢隆画室学画，数月后老师过世，他又转到了著名的风景画家让·维克多·贝尔坦门下，从此与风景画结下了不解之缘。

26岁，很多画家在这个年纪已经成为独立画家，甚至已经颇有名气，但柯罗的艺术生涯才刚刚开始。尽管起步较晚，但柯罗异常勤奋，他一边跟随老师学习，一边开始在枫丹白露的森林里不断练习写生。1825年，29岁的柯罗得到父亲赞助，前往当时的艺术圣地意大利游学。在罗马期间，古典主义大师的作品给了柯罗很大启发。初到意大利时，柯罗还喜欢用棕褐色调的颜料来铺陈画布；渐渐地，他的色调就变得清纯、优雅起来，他以后常用的银灰、绿和淡青色，开始进入他的作品。

3年后，柯罗回到故乡巴黎，开始埋头创作。大自然是他创作的素材，也是他灵感的源泉。他经常采取直接写生的画法，其画面充满宁静的气氛与质朴的气息。然而，当时的画坛更为欣赏的是尼古拉斯·普桑和克劳德·洛兰那种经过想象力修饰的画作，单纯的风景画并不被人喜欢，但倘若能在美丽的风景前加一些人物来点缀，就会因此受到欢迎。为了能在沙龙上展出自己的作品，柯罗常常需要对自己的作品进行二次加工——他先画出写生底稿，然后回到画室，在底稿的基础上加上一些神话人物或现实中的人物，使风景画具有当时人们所理解的“诗意”。

1833 年，柯罗人生中的第一幅重要作品《枫丹白露森林》终于获得了成功，它在沙龙展出时获得了二等奖，为柯罗赢得了声誉。

巴比松的年轻人

因为家境富裕，柯罗没有为生计奔波的烦恼，而他自身又是个清心寡欲之人，完全不被世俗的名利所诱惑。小获成功之后，柯罗的绘画价格水涨船高，但他决定离开巴黎，去欧洲各地漫游。

柯罗再度来到意大利，从一个城市流浪到另一个城市，不断地写生创作。而后他又来到瑞士、荷兰、英国等地，一边写生，一边潜心钻研当地画家的艺术。当他待在巴黎时，他就隐居在巴比松，不停地描绘他画了又画的枫丹白露的风景。

不过，在巴比松居住的画家可不止柯罗一个，卢梭、杜比尼、迪普雷、迪阿兹——这些日后成为法国风景画大腕的响当当的人物，当时都栖身在巴黎郊外紧挨着枫丹白露森林的巴比松，他们组成了日后对法国艺术影响深远的巴比松画派，主张走出画室、在自然光下对风景进行写生，过着远离政治、醉心于大自然的真正的艺术家生活。

从严格意义上讲，柯罗并不属于巴比松画派，尽管他也画风景画，并时常与他的挚友——巴比松画派的成员杜比尼一起在枫丹白露森林里作画。柯罗走过欧洲各地，却似乎格外迷恋巴黎郊外的这片郁郁葱葱的森林，他一生中画下了许多这片森林的写生，如《枫丹白露，一棵非凡的树》《枫丹白露，巴斯布劳路上的黑橡木》《枫丹白露，巴斯

柯罗《枫丹白露，巴斯布劳路》

布劳路》等，这些画作从艺术上看高下不等，却初心不改，自始至终都保持着质朴、真挚的特色。至于柯罗为什么如此热衷于这片土地，或许是因为只有枫丹白露森林宁静的气氛才能让他的心灵找到归宿，又或许生活于此的那些与他意气相投的艺术家令他感到无比自在、无比愉快吧！

诗意在心中

时间过得很快，柯罗转眼到了中年。他的艺术之途并不平坦，其作品常常被沙龙拒之门外。50 岁那年，他获得了荣誉骑士勋章，这是晚到的奖励，对他多年来遭遇不公的境遇算是一种小小的补偿。但这种补偿没有多少实际意义，在隔年的沙龙上，柯罗的作品再度遭受了评委的刁难。

对于其艺术的现实处境，柯罗似乎已经习以为常。他是一个谦虚谨慎的人，不会公然与谁作对，也不会对自己遭受的不公待遇表现出激愤填膺，或者像卫道士安格尔那样大肆宣扬自己的艺术主张。柯罗对自己艺术理念的践行只有一种方法，那就是不停地创作。他沉浸在迷人的自然风光里，用色彩堆砌自己的绘画世界，在画布上创造自己的理想，去世前为后人留下了 3000 幅画作。

在不停的创作中，时光渐渐流逝，时光的流逝带给柯罗的不光是脸上的皱纹，还有生命的积淀。人到中年，柯罗尚未遇到属于他的爱情。事实上，他一辈子也未能遇到，但先后失去双亲的悲痛、屡次在沙龙遭遇不公正待遇的经历、与身边艺术家的交流与切磋，都在无意中改变着他的心境和想法，而所有这些，都在无意中影响着他的创作。

柯罗的绘画风格一直在变，很难说清他属于哪个画派。他的绘画既有新古典主义的影子，又洋溢着浪漫主义气息，既有一个哲学家的冷静与恬淡，也有诗人般的浪漫与忧伤。对于绘画，他说过这么一段话：**“艺术就是，当你画风景时，要先找到形，然后找到色，使色度之间很好地联系起来，这就叫作色彩。这也就是现实。但这一切要服从于你的感情。”**

或许这就是柯罗创作的秘诀。

他对自然的爱、对浪漫与诗意的想象，全部用色彩倾注在了画布上。他喜爱原原本本的自然，喜爱那些平凡无奇的风景，他常常坐在大路的中央写生，画下那些平凡的景致。同时，他也竭力表现瞬息万变的大自然带给人的感官上的印象或感受。为更好地表达被强烈阳光照耀的物体，他不断地探索着有效的技法，最终在摄影技术的启发下，创造出了一种使物体的外形轮廓带有晕影的技法，使得物体的外形轮廓不再明确，并且具有一种运动的感觉。其表现效果，不亚于后来的印象派。柯罗晚年的作品中，大量运用了这一技法。

恰在柯罗的绘画技艺有了新的突破时，19 世纪中叶，法国政府及大众的审美趣味渐渐发生了转变。柯罗的风景画受到了欢迎，他所创造的柔软的、用灰绿调处理景物的手法也突然变得大为风行。沉寂了大半辈子的画家，终于迎来了云开雾散的艺术上的晴天——柯罗的数幅具有代表性的作品，如《林中仙女之舞》《芒特枫丹的回忆》等，得以在沙龙上参展并大获成功，他本人也被推举为沙龙的评委之一。

柯罗终于成了评论家心目中的“当代最伟大的风景画家”，与普桑等前辈享有同等声誉。而事实上，除了风景画，柯罗的肖像画也成就斐然，如《梳妆》《蓝衣女人》《戴珍珠的少女》等，这些观察细致入微、

柯罗《林中仙女之舞》

毫无雕琢之美、表现手法更现代化的画作，使柯罗完全称得上当时一流的肖像画大师。

勤奋如斯，才华如斯，在艺术风向变化不定的 19 世纪的法国，柯罗却未能受到一位大师应有的尊重。在生命的最后几年，由于身体状况日益恶化，柯罗无法再外出写生，只得待在画室创作。但柯罗已将他的一生献于艺术，即使 77 岁高龄，他仍将自己的作品拿去送展，但是沙龙却拒绝为他颁发奖章。柯罗在精神上受辱，之后又失去姐姐——姐姐是父母离世后他最重要的亲人，最终于 1875 年 2 月 22 日溘然长逝。

喜欢“夸大事实”的农民画画家

——米勒

画家：让·弗朗索瓦·米勒（Jean Francois Millet，1814—1875）

国籍：法国

代表作：《拾穗者》

类型：油画

艺术风格：现实主义画派

巴黎街头的裸体画画家

19世纪的法国大师辈出，而米勒是以农民画在当时画坛异军突起的一位大师。人们几乎无不知道米勒的两幅深情描绘在田野上劳作的农民的大作《拾穗者》与《播种者》，却鲜有人知道，米勒在年轻时其实还有一重让许多人意想不到的身份——巴黎有名的裸体画画家。

米勒之所以画裸体画，与他的出身和当时的处境有关。他出生于法国诺曼底半岛上的一个农村，父亲是地地道道的农民。因土地贫瘠，家境贫困，而这个家庭偏偏人口众多——共有8个孩子，作为家中最大的孩子，米勒不得不在很小就参与到辛劳的农事中去。出生于这样的家庭，能勉强糊口已是不易，米勒没有机会得到良好的教育。

然而，命运却赋予米勒绘画的天才和倔强不屈的性格。在贫困面前，米勒没有向苦难的现实低头。18 岁那年，他怀揣着内心的理想来到瑟堡，先后向两位不太有名的画家拜师学艺。数年后，他获得了瑟堡市议会的一笔奖学金，于是前往法国艺术之都巴黎追求进一步的发展。此时，属于米勒自己的人生序幕终于拉开。

在巴黎时，年轻的米勒曾在保罗·德拉罗什的画室学习绘画。德拉罗什在当时的巴黎画坛具有举足轻重的地位，他的岳父曾是罗马学院的院长。不过，这位学院派画家并不欣赏米勒，他很看不惯米勒，经常不无揶揄地斥责他：**“你似乎全知道，但又全不知道。”**画室的同学们也都瞧不起米勒，始终将他视为“土气的山里人”。总之，米勒初到巴黎时处境很不好，他无法融入洋气的艺术圈，也无法从老师那里得到什么帮助。对于一个自己都看不上的学生，德拉罗什自然不会在自己的交际圈里引荐米勒，这也是人之常情，只是他大概没想到米勒日后的名声会远远盖过他。

米勒陷入了孤立无援的境地。

一个赤贫的艺术家想要在巴黎活下来并不容易，为了生存，米勒曾被迫做过许多不得已之事，如拿素描换鞋子、用油画换床铺、为接生婆画招牌换零花钱……而为那些新兴的暴发户画低级庸俗的具有洛可可风格的裸女，也是他谋生的手段之一。

渐渐地，米勒成了巴黎有名的裸体画画家。越来越多的订单使他窘迫的经济状况稍有改善，却玷污了他的名声。一些人开始这样评价他：“只会画下流裸体，别的什么都不会画。”这样的评价令米勒感到无比凄苦。没有人理解他为生活所迫不得已做出的牺牲。但正是这种不理解迫使米勒反思自己——他知道，用言语为自己辩解毫无用处，对一个画家来说，唯有艺术才能证明他真正是个什么样的人。

米勒决定不再迎合任何人，开始追求心中真正的理想。一个伟大的画家即将诞生。

为农民代言

米勒真正走向伟大，是从巴黎搬到郊外的巴比松村庄之后。

作为农民的儿子，米勒身上的气质与巴黎这座流光溢彩的城市始终格格不入。同时，亡妻的悲痛、经济的窘迫、革命带来的暴动与战乱、黑死病的流行，都使他对巴黎充满恐惧与厌恶。米勒曾说，巴黎简直就是杂乱荒芜的大沙漠，唯有卢浮宫才是艺术的“绿洲”。初到巴黎那些年，他如饥似渴地在卢浮宫向伟大的先辈们学习，米开朗琪罗、普桑这些大师成了他艺术上真正的导师；而现在，他已经从这些大师身上学到了创作的基本手段，他该离开巴黎，去生活中汲取创作的灵感了。

米勒住进巴比松后，立刻和柯罗、卢梭、杜比尼等画家打成一片。但和柯罗一样，尽管生活在巴比松，米勒并非严格意义上的巴比松画派成员。他有自己的创作方向，那就是农民画。

米勒出身于农民家庭，对农民及养活他们的广阔土地怀有深厚的感情，搬到巴比松后，他不断在户外写生，描摹出一幅幅农民在田野上劳作的场景。他是一个现实主义画家，从不美化这些农民，而是如实反映他们平凡而伟大的劳动场景。他说：**“如果我能做我想做的事情，那么除了复现从自然得来的直观印象外，别无他事，无论是风景，还是人物……我所知的最愉悦的事情就是和平、宁静，在森林、乡野或被犁开的不管是不是适合播种的土地上，都充盈着这种气息……”**

《拾穗者》是米勒最著名的农民画之一。画中，三位穿着粗布衫裙和沉重木鞋的农妇弯着腰，在田间捡拾被遗落的麦穗，她们行动缓慢，显得有些吃力，却又不慌不忙，宽阔结实的形体在暖色调的天空和一望无垠的金黄麦田的衬托下显得格外伟岸。这幅画具有细腻的线条和丰富的色彩，处理得较高的地平线和三人式构图，使得画面显得稳定而宁静。

《荷锄者》也是米勒的代表画作之一。清晨，太阳尚未高高升起，远处金色的土地上升起缕缕烟火，而近处，在长着一丛丛杂草的深褐色的贫瘠土地上，一个年轻的农民弯着腰，两只手臂伸直，吃力地扶着一把短锄在做短暂休息。从农民脸上的汗水和张开的嘴中可以看出，他已劳作了许久，这会儿已十分疲惫，而他整个身体的姿势，则强烈地表现出痛苦的分量。

《晚钟》也是米勒非常有名的一幅作品。这幅画画得相当简洁，暮色中，一对农民夫妇听见远方教堂的钟声响起，于是放下手中的农活，低头默默祈祷，他们心平气和，表现出一种对命运的顺从。人物造型浑圆简朴，形象稚拙纯真，画面上方三分之一处的地平线和将画面一分为三的人物构成稳定而庄严的“井”字形构图，加深了画作的虔诚气氛。

米勒的农民画第一次在沙龙展出就引起了轰动，但喜欢它们的人似乎不多，愿意购买它们的人更是少之又少。评论界有些人很看不惯米勒的这些农民画，指责这些充满同情的深情描绘为“夸大事实”“不是绘画，而是宣言”。

对此，米勒针锋相对地回敬道：**“这么说，连我们看到凭额上汗水养活自己的人时就会产生的想法都不允许有了！”**

当然，也有人十分欣赏推崇米勒。比如，凡·高就是米勒的忠实

米勒《拾穗者》

米勒《晚钟》

粉丝，他临摹了大量米勒的油画，他著名的画作《播种者》就是对米勒《播种者》的临摹，只是表现手法不同罢了。

画里的长矛和断头台

米勒活了 61 岁，一生并不多产，在 1875 年去世时留给世人的画作仅约 80 幅，并且多为小幅作品。不过，这倒并非米勒缺乏创作的热情与精力，而是和他作画的方式有关。米勒不是那种拿着画架和颜料在户外直接创作的写生画家，他在户外写生时画下的习作往往不是最终的作品，而只是为他真正的创作提供现实生活的素材。在获得素材之后，米勒需要回到画室——一间采光不太好的小屋子——将素材整合，然后再凭借记忆与画室中的模特，按照自己的理解来创作。

在创作上，米勒极为严谨细致。他是一个善于思考的画家，每一幅画在创作前都会先画许多素描草稿。比如《拾穗者》一画，最早的构思是《八月》，表现的是三个妇女在夏日丰收的田野上劳作的场景，但在一次次审视自己的画作时，米勒逐渐改变初衷，将收割的场景变成了拾穗。

因为每一幅作品都是反复思考的产物，所以米勒画得很慢。然而，他这些为数不多的作品却具有一种独特的魅力，并且体现出一种强大的力量，以至于在一些评论家看来：**“在拾穗者背后的地平线上，似乎有造反的长矛和 1793 年的断头台。”**

法国现实主义的旗手
——库尔贝

画家：让-德西雷·古斯塔夫·库尔贝（Jean-Desire Gustave Courbet，1819—1877）

国籍：法国

代表作：《画室》

类型：油画

艺术风格：现实主义画派

对抗巴黎世博会

1855 年，法兰西第二帝国的执政者路易·拿破仑·波拿巴效仿英国世博会，耗资约 500 万美元，在首都举办了一场规模巨大的巴黎世博会。来自世界各地的 2.1 万件展品在世博会上展出，其中有反映当时工业成就的混凝土、钢制品、铝制品和橡胶等新材料，也有 5000 多件代表各国艺术成就的艺术品，这些艺术品来自 29 个国家的 2054 名艺术家，而法国作为主办国，参展的画家格外多，当时在国内具有一定名望的画家，如安格尔、维尔纳、德康、德拉克洛瓦等人，都有不少作品在此次博览会中展出。

想要出人头地的画家们都希望能在此次博览会上露面。当时，有个 36 岁的年轻画家也送来了 11 件作品，其中有两幅他自己非常看重的画作：一幅是他 6 年前的成名作，另一幅则是他专为参加此次世博会量身定制的。出乎意料的是，当这位信心满满的年轻艺术家以为自己的作品可以入选时，世博会的评选委员会却在评选过程中将他的重要作品淘汰了。这位年轻画家十分气愤，于是撤回了自己的全部作品。但他并未拂袖离开，而是在巴黎世博会的艺术展馆旁租了一片场地，将自己的大作挂在里面，举行了一次对抗性的个人展览，还在门口的牌子上赫然写着：“现实主义，库尔贝，他的 40 件作品展览。”他公然宣布：**“我要根据自己的判断，如实地表现我所生活的时代的风俗和思想面貌。”**

这个特立独行的画家正是现实主义画派的杰出代表——古斯塔夫·库尔贝。

库尔贝出生于 1819 年，年龄与卢梭、米勒等人相仿，要比两位稍年轻几岁。和农民画画家米勒不同的是，库尔贝有着很好的出身，父亲是个拥有大片土地和葡萄园的地主，这使得他 18 岁就得以进入柏桑松皇家学院跟随大卫的学生弗拉儒略学习绘画。1839 年，20 岁的库尔贝来到巴黎定居，卢浮宫的艺术博物馆成了他最常光顾的地方，他在卢浮宫如饥似渴地临摹大师们的作品，最终成了文艺复兴以来绘画技法的集大成者。

但库尔贝没有成为学院派的传人。他极具个性，颇有主见，当时流行的新古典主义和浪漫主义都不符合他的艺术理念。正如他在 1855 年的个展上所宣布的那样，他是一个彻彻底底的现实主义者，他只想客观、冷静地描绘最真实的生活，既不想将其美化，也不愿沉迷于幻想的浪漫中。据说，曾有人请库尔贝画天使，但他一口拒绝了，理由是谁也没见过天使，根本无法描绘。

尽管在他生活的年代现实主义风格的绘画不被人们所认可与理解，但库尔贝非常自信，他坚定地走在属于自己的艺术道路上，创作了许多现实主义绘画作品；他还是现实主义的号手，从不放过宣扬自己主张的机会。

库尔贝的努力是有成效的。19 世纪 40 年代，他创作了《带黑犬的自画像》《奥南的晚宴》《奥南的葬礼》等画作，都在展出时获得了成功，其中《奥南的葬礼》展出时引起了轰动，库尔贝一举成名，而这幅长达 6 米多的巨幅画作，正是他送去参加巴黎世界博览会的画作之一。

库尔贝极为看重的、为巴黎世博会专门创作的，则是他的代表作《画室》。这幅画作长约 6 米，画中，画家本人位于中央，正拿着调色板与画笔在一幅画前作画，他的身后站着一位裸体的女模特，象征赤裸裸的现实；他的面前是一位天真的孩子，象征天真无邪；而他周围的人群则被分成两组，左边是画家故乡奥南的熟客，有工人、农民、牧师、掘墓人、乞丐等，右边则是画家所认识的巴黎各个圈子里的朋友，如哲学家普鲁东夫妇、诗人波德莱尔、艺术批评家舍弗勒里等。这是一幅充满讽喻的寓言式作品，画中的石膏像象征僵死的学院派，报纸上的骷髅象征被扼杀的出版自由，堆放在地的宽边帽、吉他和短剑，则象征着浪漫主义。

库尔贝用将近 6 米的巨幅画作来描绘自己多年来的艺术生活，而非学院派所推崇的历史题材，这在画坛中属于绝无仅有的一例，也足见库尔贝对这幅画是多么重视。因此，当世博会的评委会将这幅作品拒之门外时，库尔贝的悲愤可想而知。

库尔贝《画室》

不过，库尔贝的用心并未付之东流，当这幅别具一格的巨作在库尔贝为自己举办的“现实主义画展”中展出时，引起了很大反响。当时浪漫主义的领头人德拉克洛瓦对库尔贝的画工赞赏不已，库尔贝还因此赢得了一大批激进青年画家的拥戴，尽管此时他自己也非常年轻，仅 36 岁。

激进的革命者

库尔贝与米勒同属于现实主义画家，但两人的性格截然不同。米勒厌恶城市，喜爱恬静、安宁的乡村生活，对政治生活没什么兴趣，为躲避波涛汹涌的政治甚至躲到了闭塞的巴比松村子里；库尔贝则走的是一条截然相反的路，他对政治怀有很大热情，在 1848 年参加了法国革命，并为《公共卫生报》画封面，从这一点上看，库尔贝与他老师的老师——大卫倒是有几分相似，他们都属于激进的革命者。在政治上作风激进的库尔贝，在创作上也相当激进，他那幅惊世骇俗的大作《世界的起源》便是最好的证明。

库尔贝的创作原则就是现实，现实，再现实。他说：**“绘画是视觉艺术，应该和人眼所见的事物相联系，它应该摒弃古典主义的历史场景和浪漫主义所钟爱的从歌德、莎士比亚那里得来的诗意化的题材。”** 库尔贝的创作题材十分广泛，肖像画、农民画、风景画、风俗画、静物画，从《溪边小鹿》，到《吊床》，到《鳟鱼》……只要眼睛可以看到的，他几乎无所不画；而反过来，凡是他所画的，也必须是大自然中真实存在的。恰如他自己所言：**“我希望永远用我的艺术维持我的生计，一丝一毫也不偏离我的原则，一时一刻也不违背我的良心，一分一寸也不画仅仅为了取悦于人，易于出名的东西。”**

库尔贝《鳟鱼》

为了让人们更好地理解他的艺术追求，库尔贝创作了一幅与安格尔的名作《泉》同名的作品，当安格尔将大自然中的元素经过删繁就简的处理与美化化入《泉》中，使得画中的少女及她周围的环境十分唯美、非常具有诗情画意时，库尔贝则将眼睛所能见到的真山真水搬上了画布：画中的维纳斯长相并不标致，身体曲线也不完美，身体壮实如一名村妇；而画中的泉水则是真实的泉水，并不是从汲水罐中流出，且水花乱溅；泉边的岩石也有着山中岩石应有的样子。

库尔贝的这幅《泉》，是他主张结束当时矫揉造作的艺术的宣言，是对安格尔等所代表的学院派女性形体和裸体观念的反叛。当然，如此写实的作风并不被时人所理解，库尔贝的《泉》在展出后受到了许多批评。当时有个评论家甚至这样写道：**“这个杜省奥南人心中维纳斯的臀部奇丑无比。”**

库尔贝《泉》

库尔贝有着强大的内心与无比的自信，对于来自评论界的抨击与嘲讽他似乎早有心理准备。他没有默默接受批评，而是奋起反抗，一边像一只铃铛不断为自己的艺术辩解，一边继续自己现实主义绘画的创作。《打石工》《雷雨后的峭壁》《乡村贵族小姐》等，都是他绘画中的精品，构图简单大方、气魄宏伟，又不失细微的变化，具有劲健之美。

库尔贝的作品在法国国内不断受到打压，在欧洲其他地方却大受欢迎。为推广自己的艺术理念，库尔贝到过比利时、德国、英国、荷兰等国家，他的作品在这些国家展出时都获得了空前成功。

不过，库尔贝虽常年生活于巴黎，并于巴黎成名，他却一直忠于故乡奥南的人与事物，画下了许多这方面的题材，如《奥南人饭后的休息》《奥南附近的岩石》《从奥南来的少女》等。至于他为什么格外热衷于画故乡的事物，其原因终究还是和他的“现实主义”有关。他说：**“要作一幅风景画，首先必须对所要描绘的事物非常了解。我因为对自己的故乡最为了解，才在那里作风景画的……只有在这样的地方我才能作画，我的风景画中出现的一切，都在我的故乡确确实实地存在着……”**

倒霉的博物馆主席

1870 年，法兰西第二帝国的皇帝拿破仑三世在普法战争中战败被俘，数日后巴黎爆发革命，第二帝国覆灭。此后，由资产阶级共和派和奥尔良派分子构成的新政府——“国防政府”成立，被称为法兰西第三共和国。但普鲁士不满足于皇帝的投降，继续大举进攻法国。

在如此动乱的历史性时刻，作为对政治怀有高度热情的艺术家，库尔贝投身到著名的巴黎公社运动中，他成了公社委员，并当选为美术家联合会主席。在担任主席期间，库尔贝热情地为公社绘制旗帜、徽章和各种宣传品，并身兼国家博物馆主席之职，负责保护首都的文物不受战乱破坏。

此时，库尔贝已经年过半百，但激情不变，他曾提议并联合众人投票通过一份拆除旺多姆广场纪念柱的请愿书。巴黎公社运动很快失败了，但在库尔贝辞去主席后的第 5 天，纪念柱还是被推倒了。库尔贝遭到逮捕，被判没收所有财产和监禁 6 个月。库贝尔曾画过一幅自画像来“纪念”自己的入狱，自画像中，他戴着贝雷帽，系着红领巾，嘴里叼着烟斗，目光中流露出无畏与不屑。

被友人救出狱后，库尔贝被迫流亡到瑞士。破产、流亡和理想的幻灭令他意志消沉，而不久后染上的水肿病更是令他雪上加霜。数年后，库尔贝在贫病中客死他乡，临终时陪伴他的唯有他的父亲。

远离尘世的疯狂天才

——布莱克

画家：威廉·布莱克（William Blake，1757—1827）

国籍：英国

代表作：《耶和华创造亚当》

类型：油画

艺术风格：浪漫主义画派

当一个诗人成为画家

19 世纪初期，英国因率先完成工业革命而一跃成为世界头号强国，与强盛的国力相匹配，300 年前曾一度因英格兰宗教改革而走向衰落的本土艺术再度走向繁荣。从 18 世纪上半叶起，具有英国独特风格的绘画重新崛起，产生了荷加斯、雷诺兹、庚斯博罗等著名画家，而进入 19 世纪后，浪漫主义在英国蓬勃兴起，威廉·布莱克就是英国浪漫主义画派最杰出的代表。

威廉·布莱克出生于伦敦，父亲是个小商人，但并不富有。布莱克从小热爱诗歌与绘画，并天生具有独特个性与反叛精神，年纪很小就因不满于学校里死板的教学方式而拒绝入学。尽管如此，他的袜商

布莱克《雅各伯梯》

父亲仍十分疼爱他，他看到布莱克身上表现出来的绘画天赋后，愿意竭尽自己所能送儿子去一位名画家那里深造。但父亲的好意被布莱克拒绝了——他不是家里唯一的孩子，他不愿因一己前途影响了弟弟妹妹。

年仅 14 岁的布莱克十分独立，他决定自食其力，于是去雕版印刷作坊当了一名学徒。学成后，布莱克以自由手艺人的身份赚了一些钱，然后进入英国皇家美术学院学习。为了实现这一理想，布莱克耗费了整整 7 年时间，也由此可见他的执着与毅力。

从美术学院毕业后，布莱克成了一名插画师，曾受邀为英国著名的女权主义先驱玛丽·沃斯通克拉夫特画插图，也曾为莎士比亚和弥尔顿的作品创作过插图。他的代表作之一《怜悯》就是为莎士比亚的《麦克白》画的插图。

但对布莱克来说，他服务最多的作者恐怕是他自己。没错，画家威廉·布莱克正是那个为人熟知的诗人威廉·布莱克，他最热衷的事业就是写诗，并为自己的诗歌配上插图。

说起威廉·布莱克的诗歌，人们对这四句诗恐怕不会陌生：**“一花一世界，一沙一天国。君掌盛无边，刹那含永劫。”**这四句诗，就出自布莱克的《纯真之歌》。

布莱克博览群书，喜爱洛克与博克的哲学，是英国最早的浪漫主义诗人之一。他是雪莱、拜伦、济慈的前辈，比后面三位早出生数十年，当他出版第一本诗集《诗歌素描》时，后面三位日后享誉文坛的诗人尚未出生。布莱克的诗歌充满浪漫气息，他的绘画也是如此，他不喜欢做大自然机械的模仿者，在他看来，**“所有的形式都在诗意的构想中完美，但这不是抽象，也不是来自自然，而是来自想象”**。

带着他的想象和对生活的热忱，布莱克开始创作他的第一本诗画集《纯真之歌》。这本集子从无到有，出版的所有环节都由布莱克和妻子亲自来完成：布莱克既是这部作品的作者，也是插画师，他在铜板上刻上自己的诗和画，妻子凯瑟琳则负责压印、上色和装订。

不过，布莱克是个创作的天才，对商业运作却不在行。他的熟人中，曾有一名女士在日记中如此描述布莱克给她的印象：“他不是一个常规的职业画家，而是一个酷爱艺术、以追求艺术为幸福的人。他充满美的想象力和天赋。布莱克先生显然已经抛弃了世俗世界的所有关注。他看起来忧郁而温和，但当谈到他热爱的艺术时，他的脸上绽放出夺目的光芒。……虽然他具有如此的天赋，但显然缺乏劳伦斯先生那样的世俗技能，即在世俗社会获得成功的才能。”如今，《纯真之歌》的复制品已卖得十分昂贵，但在当时，一本书仅卖几个先令都无人问津。

可贵的是，虽然布莱克的生活十分拮据，但他坚持做自己的出版人。继《纯真之歌》之后，他又创作了《经验之歌》《保姆之歌》《擦烟囱的少年》等。他的诗歌和绘画都充满了壮丽想象，且蕴含着深刻的哲理，两者相互补充，共同构筑起诗人兼画家的布莱克的精神世界。

孤独的天才

在画家中，布莱克的确很独特。在油画大行其道的19世纪，布莱克却偏偏选择水彩、蛋彩来作画。他也作有不少杰出的蚀刻与雕刻作品。

布莱克不模仿大自然，也不直接描绘人们的现实生活。他是一个虔诚的基督徒，创作了许多有关《圣经》题材的作品，如《耶和华创造亚当》就是其中的代表作。但他的绘画并非原原本本的对《圣经》故事的再现和还原,《圣经》也只是一种手段，一种表现他梦幻与想象、表现他思想和情感的手段。

他曾说：**“难道绘画仅限于单调乏味地摹写真实，仅仅表现濒死和死亡的对象，不是像诗与音乐那样有它自己的创造与梦幻？不！不是那样！绘画也像诗与音乐一样，在不朽的思想中存在与狂喜。”**

布莱克热爱生活、关心政治，他通过诗歌批判现实，其绘画也充满浪漫主义气息，充满主观感情和幻想，且颇具神秘气息。他的一些绘画还像预言一般，给人以深刻的启示。

布莱克非凡的悟性和才气令他在艺术圈光芒四射，但当时的业内人士对他评价不高，认为他的作品过于主观，注入了太多幻想成分。布莱克清贫一世、孤独一世，直到年老时，后来成为英国19世纪著名风景画家的约翰·林内尔、塞缪尔·帕尔默等年轻画家对他推崇备至，他与塞缪尔·帕尔默结为忘年交，内心的寂寞总算得到了些许缓解。

在林内尔等人的支持和鼓励下，布莱克老当益壮，完成了《圣经·约伯记》的水彩插画，并在年近七旬的情况下开始为但丁的《神曲》绘制插画。这是一项浩大的工程，共由 102 幅画构成。步入晚年的布莱克健康状况越来越差，常常疾病缠身，或许是预感到时间紧迫，他更是分秒必争地投入工作，以争取在有生之年完成这项繁重的工作，但布莱克未能遂愿。

1827 年夏的一天，70 岁的布莱克在伦敦一所简陋的公寓内去世。尽管直到生命的尽头他仍在抓紧时间创作，但《神曲》的插图工作最终未能完成，实为一件憾事。

在布莱克去世数十年后，叶芝等诗人重编了他的诗集，他的一些书信和笔记也陆续得到了发表，他蕴含在诗歌和绘画作品中的天才和深刻性才逐渐被人们所认识。

不被理解的“彩色蒸汽”画大师
——透纳

画家：约瑟夫·马洛德·威廉·透纳（Joseph Mallord William Turner，1775—1851）

国籍：英国

代表作：《奴隶船》

类型：油画

艺术风格：浪漫主义画派

理发师的儿子

18 世纪末，英国伦敦熙熙攘攘的科文特广场边上有一家小理发馆，这里人来人往，不论何种身份的人都会进来整理头面。细心的人会发现，这家理发馆的理发师是一名艺术爱好者，因为每隔一段时间，理发馆的橱窗里就会摆上那么几幅新的画作。不过，知情者明白，这些画作与那些专程买来装饰店面的廉价复制品不同，它们不是花钱买来的，而是出自理发师的儿子透纳之手——当时他还不是画家，只是一个年龄很小的孩子。

理发师爱他的孩子，正如多数父母会做的那样，当他发现儿子透纳画得一手好画时忍不住想将它们拿出来炫耀，更何况这些画作展出来不仅可以装饰店面，如果运气好，遇到热心人的话说不定还可以卖点钱。

透纳拥有一个爱他的好父亲，不幸的是他的母亲得了疯病，在他十几岁时因神经错乱死在了疯人院。可以说，父亲是少年透纳唯一的依靠，父子俩相依为命。

缺乏母亲陪伴的透纳生性有些孤僻，他不爱多说话，纸笔成为他最好的朋友。透纳 10 岁就已表现出绘画上的才华，不久被送去跟随一位画家学画，后来进入皇家美术学院专攻绘画。绘画令他感到充实，也给予他精神上的满足和安慰——15 岁，透纳的水彩风景画作品首度在年展上展出；18 岁，他成为独立画家，并拥有了自己的画室；24 岁，他因杰出的作品被皇家美术学院破格接纳为候补会员；27 岁，他成为皇家美术学院最年轻的正式院士；1807 年，32 岁的透纳成了学院的透视学教授。

透纳的履历很漂亮，他是学院派的宠儿。

或许正因出身卑微贫寒，透纳才更懂得一个人自身的努力多么重要，他不愿在经济上仰人鼻息，工作十分勤奋刻苦。画家爱德华·戴斯如此评价透纳："勤奋加自制，没有老师也能突飞猛进。"

酷爱写生的透纳每到一个地方都会将打动他的景色描绘下来，尽管学院派不喜欢他那些未经润饰的写生作品，透纳却知道自己这些作品的价值，他的许多伟大创作，正是从这些写生作品中诞生的。

比如，他创作于 1796 年的《海上渔夫》，这是透纳的成名作，透纳用极为细腻高超的技法描绘了怀特岛上的渔民驾驶渔船航行于大海上的情景，打着旋涡的海浪使画面充满惊心动魄之感，在水天之间，

透纳《海上渔夫》

那摇曳在汹涌的海水中的渔船看上去如此渺小，更凸显出主宰一切的大自然的威严和壮丽。这幅画是透纳展出的第一幅油画作品，在 1796 年展出时引起了轰动，而在此前，透纳曾在造访怀特岛时画下了大量关于海岸的速写和水彩画。

1799 年，透纳再度发力，创作了著名的《杜巴登城堡》。杜巴登城堡是一座结构复杂的圆形塔式中世纪城堡，矗立在北威尔士的兰贝里斯山口，为 13 世纪时威尔士王莱里维恩大帝所建。最初建立时，这座城堡是一座象征君王权力与权威的军事防御工程，但后来却成了监狱，曾关押过在兄弟相争中败北的王子。

十几岁时透纳曾数度游历威尔士，那座业已沦为废墟的城堡和其背后的故事给他留下了深刻印象。在他的画作《杜巴登城堡》中，杜巴登城堡矗立在一片因逆光而倍显荒凉的景象之中，沦为囚徒的王子被两名士兵押着，迈着沉重的步子，缓慢朝山上走去。对于这位王子，透纳心存同情。他曾作诗为这幅画注释道：**“寂静的沉默是如此的令人敬畏，大自然耸起的高山直插云霄，庄严肃穆的孤独，注视着城堡，囚禁在此的倒霉王子日渐憔悴，徒劳紧握的双手祈求自由。”**

《杜巴登城堡》是一幅风景画，但又不仅仅是一幅风景画。它是带有情绪的，也蕴含着深刻哲理。站在画前，人们从画里荒凉的景色中感受到的不只是荒凉本身，还有血腥的历史带给人的对生命无常的思考与慨叹。

透纳的彩色蒸汽

随着名声的远播，透纳渐渐引起了一些既有钱又有艺术修养的赞助人的注意。利用为有钱贵族作画的机会，透纳得以饱览当时英国最好的私人藏品，其中就包括法国 17 世纪著名风景画大师克劳德·洛兰的作品。克劳德·洛兰那充满理想与梦幻色彩的风景画令透纳迷醉不已，透纳从此以洛兰为榜样，从他创作于 19 世纪初的泰晤士河组画可看出洛兰对他的影响。

尽管透纳崇拜洛兰，其绘画却始终保持着自身的独特风格，而且他不断寻求自身的突破，创造着超越自己的画作。当传统风景画总是以清新恬静的风格出现时，透纳却反其道而行之，尽管他也画雨后彩虹、画宁静河湾，但相比风和日丽的景象，他更钟爱波涛翻滚的海面、被暴风雨袭击的大地。尤其步入中年之后，他创作出了一系列波澜壮阔、令观者惊心动魄的作品，创作于 1812 年的《暴风雪：汉尼拔率领大军跨越阿尔卑斯山》便是此类风格的杰作之一。

《暴风雪：汉尼拔率领大军跨越阿尔卑斯山》描绘的是北非古国迦太基名将汉尼拔率领大军翻越阿尔卑斯山击溃罗马人的历史片段。透纳通过倾斜的地平线、巨大的突兀险峭的岩石、骚动的云、昏暗的天空、一片混沌与苍茫中的昏黄的太阳、渺小的军兵，创造出一个炫目的旋转空间，仿佛能令人听见夹杂着人们呼喊的狂风的呼啸。汉尼拔军队在被暴风雪裹挟的阿尔卑斯山行进的景象被描绘得惊心动魄。

与透纳生活于同一时期的英国著名艺术评论家约翰·罗斯金说：**“莎士比亚向你们揭示了人性的真理，培根告诉了你们自然的法则，而透纳则给你们描述了自然的样子。”**

透纳描绘的不光是大自然的样子，还有大自然的气息。站在他描绘的风暴画前，你会感觉自己仿佛正置身于风暴之中。然而，透纳不是纯粹的风景画家，他的艺术始终贯穿着他的哲学思想，以及他对人生的思考、对现实的批判。如果结合当时的欧洲政局——当时拿破仑已称帝，开始了他雄心勃勃的扩张计划，并以其卓越的军事才能击溃反法联盟成了欧洲霸主——那么，这幅画传达出的就不仅仅是大自然的伟力和汉尼拔大军的雄壮，还有这段历史对现实的启示（**拿破仑帝国的建立，正始于他翻越阿尔卑斯山、战胜意大利，获得了马伦哥战役大捷**）。

不过，相比被暴风雪吞噬的大地，透纳似乎更热爱风暴中的大海。在《暴风雪：汉尼拔率领大军跨越阿尔卑斯山》之前，透纳曾画过一幅著名的海上风暴图——《海难》。画面中，乌云压顶，黑暗吞没世界，载人的船只被翻滚的海浪抛来抛去，令人感受到大海的力量是如此巨

透纳《海难》

大，大自然对人类命运的影响令人无法逃避。

此后，透纳还创作了多幅关于海上风暴的作品，其中最有名的当数《奴隶船》。

《奴隶船》创作于 1840 年，描绘的是 1781 年的一天，桑格号上 132 位非洲人被英国奴隶贩子残忍地抛进加勒比海以骗取保险理赔的事件。透纳用橘红、柠檬黄、玫红和紫色描绘了如火烧一般的海面上大船远去、脚戴锁链的尸体被海浪翻出海面的景象，令人触目惊心。

罗斯金曾收藏此画，他认为如果一定要用一幅画来证明透纳的不朽，那便是《奴隶船》，但罗斯金最终把它卖掉了，因为他觉得**“和它生活在一起太痛苦了”**。而英国艺术史学家西蒙·沙玛对这幅画的评价是：**“透纳不是历史事件的插画师，他重现历史的方式就像魔法师普洛**

斯彼罗，这幅作品的伟大之处在于想召唤一场飓风。”

在透纳所有关于暴风雪的作品中，他创作于 1842 年的《暴风雪——汽船驶离港口》则代表了他绘画艺术上的新高度。

创作这幅画时，透纳已经是一个 67 岁的老人，他早已功成名就。早在 19 世纪 30 年代，透纳的画作就已被印成版画或印在书上广泛传播，一些出版商甚至认为如果没有透纳的作品做插画，被誉为“欧洲历史小说之父”的沃尔特·司各特的新书连 3000 册都卖不出去。到了这个年纪，透纳完全犯不着拿自己的名声和生命冒险，但为了能充分体验大海的威力，透纳不仅亲自乘坐蒸汽船出海，竟然还让水手将他绑在船桅上以观察大海的样子，他在上面待了整整 4 个小时，几乎在暴风雪中丧命。

这一独特的体验令透纳创作出与众不同的作品，堪称最早的印象主义风格的绘画，也颇具抽象性，但透纳超越他所处的时代太多，以至于同时代的人根本无法理解他的艺术。他冒着生命危险创作的《暴风雪——汽船驶离港口》，被评论家讥笑为“肥皂沫和石灰水的结合”，甚至有人认为透纳已经江郎才尽，成了老糊涂。反倒是透纳的竞争对手康斯太布尔最为了解他，他将透纳以旋风的形式表现风暴的手法称为“透纳的彩色蒸汽”，对透纳具有现代抽象派味道的画风进行了高度概括。

“透纳疯了！”

除了暴风雪，透纳也热爱火光映照的天空，热爱大雾弥漫中一片混沌的世界，他对光与气的表现技巧是如此纯熟高超，在当时几乎无人能与之匹敌。

1835 年，透纳创作了《议会大厦的火灾》。这场大火起于 1834 年 10 月 16 日的傍晚时分，尽管动用了军队的消防力量，议会大厦仍几乎被彻底焚毁。当大火肆意蔓延时，围观群众却怀着看热闹的心态看着议会大厦的屋顶在大火中坍塌，还用鼓掌来欢庆这一时刻——可见他们对议会的意见有多深。当时，透纳也位于围观群众之中，不过他没有空闲鼓掌或与旁人闲聊，而是忙于用铅笔和水彩记录下这场火灾。油画《议会大厦的火灾》便是透纳在这些写生画的基础上进行重新构图和配色创作而成的。在画作中，透纳用一道地平线分割开真实的大火与它在泰晤士河中的倒影，由红色、橙色、黄色组成的烈焰在天地间肆虐着，看上去怒不可遏，十分生动。

1844年，年近七旬的透纳创作出又一幅力作——《雨，蒸汽和速度》。这幅画绝妙地将古典的、近代的自然风景和现代科学和谐地融合在了一起，表现出大自然和两大技术发明——铁路和高架桥之间的强烈对比。

《弗雷泽杂志》曾如此评价这幅画：“**透纳的这幅画是用真实的雨画成的，在它后面是真实的太阳，我们有一种好像彩虹随时都会出现的感觉。同时，一列火车真像是在以每小时五十英里的速度向我们冲来，眼看它就要把我们压在轮子下面。大家最好是在它跃出画面之前赶快去观看。**”

透纳一生勤勉，创作佳作无数，是他将英国风景画提升到与肖像画、历史画比肩的地位，也是他成就了英国绘画艺术在欧洲的名声。但他从不止步，一直在试验新的颜色，追逐新的画面效果与感觉。步入晚年之后，透纳更是渐行渐远，作品越来越抽象晦涩，令他所处的时代无法理解他。但他业已功成名就，不惧从名誉的高峰跌落，他将绘画之外的一切都抛在一边，变得特立独行。他曾说，他画画不为被人理解，仅仅是想画出他想要呈现的、大自然应有的样子。为创造某

透纳《雨，蒸汽和速度》

些画面效果，透纳对待画布十分随意粗暴——用指甲刮、用浮石磨，据说还曾往画布上吐口水。他还总是将未完成的作品送交展馆，直到展览开幕前的“清油日”还要再即兴涂抹。

透纳的粗暴脾气、他的衣冠不整和他的古怪行径，使他和他的作品在他晚年时备受争议。

一些人说：“透纳疯了！”

约翰·罗斯金等少数几名艺术评论家却极力为他辩护，认为透纳超越了文艺复兴时期的大师，开创了一个新的时代。

不论怎样，孤寂也好，欣慰也罢，1851 年，一代大师终究带着不被世人理解的遗憾离世了。透纳去世后一度被世人淡忘，直到印象派兴起，他那些超越时代太多的作品才重受重视，渐渐赢得了迟来的掌声。

“现代风景画之父”
——康斯太布尔

画家：约翰·康斯太布尔（John Constable，1776—1837）
国籍：英国
代表作：《干草车》
类型：油画
艺术风格：现实主义画派

一个萨福克青年

在英格兰岛东部滨海的萨福克郡一个宁静而风景优美的村庄里，曾发生过一则感人的爱情故事：一个磨坊主的儿子爱上了家乡一个名叫玛丽的姑娘，虽然相比普通的农民他的家庭已算富有，但姑娘的社会地位更高，两个年轻人彼此相爱，双方家庭却不支持他们在一起。磨坊主的儿子很执着，他是一个年轻画家，为娶到玛丽，他拼了命地工作。年轻画家那些订单有许多都来自玛丽的父亲，老人当然不是想帮助这个年轻人，而是有意刁难他。巨大的工作量对年轻画家的身体造成了巨大损害，几乎将他压垮，但为了不让未来岳丈找到拒绝他的借口，他像一头骆驼似的默默承受着一切。5年后，年轻画家终于如愿以偿娶到了心爱的姑娘。婚后，妻子为他生了 7 个孩子，他们的生活没有波澜起伏的壮阔，却恬静而幸福——这个年轻画家，就是日后被称为“现代风景画之父”的康斯太布尔。

在 19 世纪的英国画坛，康斯太布尔与透纳齐名，代表了这一时期英国风景画的最高成就。不过与透纳的一帆风顺相比，康斯太布尔追求艺术的道路颇为坎坷。

父亲是康斯太布尔追求艺术的第一道阻碍。当年少的康斯太布尔对绘画表现出极大兴趣时，他那个磨坊主父亲却不愿儿子成为专业画家，而是希望他成为牧师，于是常常粗暴地没收他的画具以阻止他学习绘画。好在康斯太布尔的母亲善解人意，她曾在生康斯太布尔时难产，医生认为这个孩子活不太久，但她不愿放弃，坚持悉心照料，终于将孱弱的小婴儿抚养成人，或许正是这一曲折，使她对康斯太布尔疼爱有加。母亲常常背着丈夫偷偷地为儿子买画具，使受挫的康斯太布尔受到鼓励，得以继续追求自己的爱好。

康斯太布尔十分热爱家乡的风景，风车、磨坊这些熟悉的景物便是他画中的常客。父亲看到他对绘画的执着，最终决定让步。1795 年，康斯太布尔跟随一个赏识他的画家来到伦敦，1799 年，他进入皇家美术学院学习，此时已 23 岁。

康斯太布尔比透纳小了 1 岁。透纳 15 岁在年展上展出水彩风景画，18 岁成为独立画家，21 岁画出《海上渔夫》一夜成名，24 岁画出杰作《杜巴登城堡》并被皇家美术学院破格接纳为候补会员，27 岁成为皇家美术学院最年轻的正式院士。与之相比，原本就起步较晚、53 岁才被接纳为皇家美术学院正式会员的康斯太布尔的履历黯然失色，几乎不值一提。

康斯太布尔《麦田》

在创作上，康斯太布尔最初也不顺利。一开始，他并没有找到自己的方向，企图模仿大师们的风格作画而遭遇失败，这令他备受打击，一度产生了放弃绘画、回家当一个磨坊主的念头。

好在康斯太布尔坚持了下来。

回到家乡后，康斯太布尔常带着苦闷的心情在田野与乡间小径徘徊，家乡优美恬静的景色治愈了他内心的躁动，并赋予他灵感，令他重拾信心，专注于描绘家乡的风景。康斯太布尔画得越来越好，渐渐形成了自己的风格。1802 年，他的风景画终于在皇家美术学院展出——这一年，他 26 岁。

在法国成名

康斯太布尔终于走上了专业画家的道路。他的生活简单平凡，除了正常的生活起居就是画画。1806 年，他曾到英格兰西北部短暂旅行。1816 年，他与追求多年的玛丽结为伉俪。他没有经历过贫困，是一个足以自食其力的小资产者，但也并不特别富足，为了更好地追求艺术——谁都知道绘画这一行当花费巨大——他不得不时常为人画一些肖像。直到 1828 年妻子得到一大笔遗产，他才终于过上宽裕的生活，得以果断砍掉耗费他体力、浪费他时间的肖像画业务，然后一门心思投入到风景画的创作中去。

在康斯太布尔之前，英国的风景画在理查德・威尔逊等人的努力下已经大有起色，但法国画家克劳德・洛兰的影响实在太强大，当时行内许多画家都以克劳德・洛兰的风景画为样板，总结出许多省事的诀窍。比如，在画作的前景最好画一棵动人的树，与从画面中央展开的远景形成鲜明对比；前景通常为褐色，中景为绿色，远景则褪为淡蓝色。此外，云彩怎么画、布满瘤结的橡树怎么画等也有配方与公式。

康斯太布尔年轻时也曾临摹大师作品，从洛兰的画中获益匪浅，但他厌恶像生产工业品一样生产艺术品，他尊重传统，敬重前辈大师，却更崇尚伟大造物者的智慧，更愿意描绘自己双目所见的大自然。

他说：**“正是自然教导人应当如何选择和安排，并且不断提供着比人类艺术最成功的组合还更美的组合。我曾试图在真正的艺术和做作之间划一个界限，岂知甚至最伟大的画家也不能完全避免做作。绘画是一门应当研究自然规律的科学。在这种情况下，风景画应该被看作是一个自然科学的领域，而一幅一幅的画就是它的试验。”**

带着“研究自然规律”的心态，康斯太布尔常常外出写生。他喜欢用大笔触和对比强烈的色调记录当时的光线、植物、天空、建筑。大量扎实的写生作品成为他创作时素材的来源和灵感的源泉。

时光流逝，康斯太布尔一天一天对着大自然作画，不知不觉已成为现实主义风景画的典范。他创作了《弗莱特佛磨坊》《威文侯公园》《跃马》等大量平凡却令人愉快的优美风景画，画作朴素、清新，表现手法纯熟完美而富有独创性。然而，他的风景画在当时的英国却不受欢迎。

康斯太布尔决定走出去。1824 年，他将他的三幅作品《干草车》《英国的运河》《汉普斯特荒野》送到了法国巴黎的沙龙上展出，不期大获成功。他那忠实于眼睛的创作令他的绘画走在了时代前沿，其作品中明亮、新鲜且具有光感的色彩令法国画家颇受震动。尤其是《干

康斯太布尔《干草车》

草车》一画，所得评价甚高，还获得了金质奖章。

康斯太布尔的绘画在巴黎大受欢迎，为此，圣马可大街上还特地举办了一场他的个人沙龙。被誉为“浪漫主义的狮子”的法国画家德拉克洛瓦在沙龙见到康斯太布尔的作品后立即用他所理解的色彩关系重画了《希阿岛的屠杀》的天空。德拉克洛瓦说：“康斯太布尔给了我一个优美的世界。”而活跃于 19 世纪 30 年代与 70 年代间的巴比松画派更是深受康斯太布尔创作方法与技法的影响，后来成为绘画大师的米勒、库尔贝、马奈等人也不同程度地受到了康斯太布尔的影响。有意思的是，不只画家，连法国文学家司汤达也为康斯太布尔的绘画所倾倒，特地撰文向法国人介绍康斯太布尔和他的风景画。

“我即是复活的生命”

康斯太布尔是一个单纯而执着的人，年复一年，他始终恪守着自己的艺术理念，追求着自己的艺术理想，全身心地投入到对大自然的细心观察、对自然美的悉心领略中。

他真诚地爱着大自然，尤其爱广阔的天空与多变的云霞。他从大自然中感到生命的伟大与悸动。

他说：**“一切都任自繁荣，不论我把目光射向哪里，在每一寸土地上，我都听到了《圣经》上的崇高语言：‘我即是复活的生命。’”**

他还说：**“风景画家应当心平气和地去察看自然。一个莽汉永远不会充分看到自然的美……我自己生平没有看见过一个丑的东西；无论一个物件的形状如何，阴影和透视总会把它变成美的。”**

可是，1829 年，这个曾经心平气和的画家内心无法再保持平静。这一年，康斯太布尔的妻子玛丽因肺结核病逝，康斯太布尔受到巨大打击，日渐变得消沉。随着妻子的离世，笼罩着这个世界的光环似乎逐渐褪去，康斯太布尔对新鲜的景象不再充满兴趣，他好像一下子变成了怀旧的老人，开始回忆旧日的时光，开始重画旧时的风景。他回到了家乡，回到了萨福克郡那个风景迷人的村庄，熟悉的景物令他伤感也给了他些许安慰。他一遍遍不厌其烦地描绘着家乡的风景，直到死神来临。

1837 年，61 岁的康斯太布尔孤独地走完了一生。如果说他的对手透纳在老年时从声誉的巅峰跌落，变得不再被人理解，那么康斯太布尔生前在他的祖国就从未得到过应有的重视，连 1829 年被选为皇家美术学院院士时，当时的院长都说这么做纯粹是对康斯太布尔的照顾。

然而，这个从不张扬却富有思想与内涵的伟大画家是这么回应他所遭遇的命运的：**“伟大的东西不是为我而生的，我也不是为伟大的东西而生的……我的小小的艺术可以在每一条小径上发现……对这一点，随便人们怎么想都行，但是至少这个艺术是我的，而我宁肯只有哪怕是最少的一点自己的东西，就算唯有一间茅舍吧，也比住在属于别人的宫殿里强。”**

“拉斐尔前派”画家
——罗塞蒂

画家: 但丁·加布里埃尔·罗塞蒂（Dante Gabriel Rossetti，1828—1882）

国籍: 英国

代表作:《大海之歌》

类型: 布面油画

艺术风格: 拉斐尔前派

但丁和他的“P. R. B”

加布里埃尔·罗塞蒂是意大利秘密革命团体烧炭党的成员之一，19 世纪 20 年代，他逃离家乡流亡英国，成了伦敦剑桥大学国王学院的一名意大利语教授，而对但丁的《神曲》进行详尽评述则是他最大的业余爱好。1828 年，罗塞蒂教授的长子在伦敦出生，教授对但丁这位本国的文艺复兴前驱十分崇敬，因此给他新生的孩子也取名为但丁，全名为但丁·加布里埃尔·罗塞蒂，由此可见他对这个孩子寄予的厚望。

小罗塞蒂没有令父亲失望，他聪明伶俐、资质非凡，又从小受母亲熏陶（**他的母亲弗朗西斯·普利道瑞曾任诗人拜伦的医生及私人秘书，**

罗塞蒂《自画像》

还写过小说），一心想成为诗人和画家。罗塞蒂的教授父亲有能力为他提供学习条件，13岁时，罗塞蒂就开始学习皇家艺术学院批准的课程。

不过，这个早熟的少年对学院的教学内容很不满意，他讨厌无休止地临摹经典模特，也对那些枯燥乏味的透视法练习深恶痛绝，而令他不满的不光是这种机械死板的教学方式，还有英国皇家艺术学院的整体理念。当时，英国历史画陷入低潮，皇家艺术学院对意大利大师推崇至极，但学院的教授们向大师学习的方式显然搞错了，他们没有学习大师的创作精神，只是机械地重复表现陈腐老旧的题材，坚持使用灰暗色调的颜色，连画布上看上去脏兮兮的棕色调也要照搬无误——尽管事实上这种颜色很可能并非画家有意为之，只是因为年深日久画布上积满灰尘所致。学院的这些做法在罗塞蒂看来愚蠢透顶，简直无法忍受。

不过，皇家艺术学院的教授们也并非个个都陈腐不堪，年轻艺术家福特·马多克斯·布朗就是个例外。布朗比罗塞蒂年长7岁，出生于法国，年轻时曾赴意大利游学，后定居伦敦，成为皇家艺术学院的教师。尽管他初来乍到，但他高超的写实技巧和大胆反传统的画风吸引了一批艺术学院的学生。

1848年，罗塞蒂受够了艺术学院那些死板的课程，非常渴望能成为布朗的学生，在他身边接受一对一的教学。为达到目的，罗塞蒂给布朗写了一封热情洋溢的信，信中尽是溢美之词。据说布朗看了信后，以为这是罗塞蒂对他的恶意嘲讽，当时十分生气，气冲冲地赶到罗塞蒂家，质问罗塞蒂这么做究竟是什么意思。罗塞蒂借机表达了自己对布朗的仰慕之情，说得情真意切，令布朗十分感动。就这样，罗塞蒂成了布朗的学生。

从布朗这里，罗塞蒂对意大利文艺复兴早期的艺术有了更多了解。1848 年，罗塞蒂与布朗的另外两名追随者威廉・霍尔曼・亨特和约翰・埃弗里特・米莱斯共同组建了一个反抗传统的艺术社团，自称“拉斐尔前派”。该社团的成员认为艺术正是从拉斐尔开始走向只追求完美和理想化而缺少真实的歧途，他们反对学院派倡导的僵死缺乏生气的艺术，主张对艺术进行改革，回到现实、回到拉斐尔之前的时代去，回到文艺复兴早期色调明快、细节丰富且有着漂亮自然风光的绘画传统中去。布朗不是“拉斐尔前派”的成员，但是他们的导师，给予了他们许多有益的指导。

很快，“拉斐尔前派”由三位初创者发展成了七个人的规模，在作品上署名“P.R.B”（“拉斐尔前派”的缩写）是该社团成员的标志。不过这群滑头的青年为保持社团的神秘性，居然告诉好奇的旁人“P.R.B”是“轻按门铃”的意思。

1849 年，“拉斐尔前派”的三位初创成员在学院画展上展出了他们的首批“拉斐尔前派”油画，他们怀着激动的心情，等待着在美术界掀起一阵改革的狂潮，谁知当时根本没有人注意到他们发起的这场艺术革命，这令罗塞蒂和他的两位好友大失所望。

次年，因约翰・罗斯金等少数评论家撰文对“拉斐尔前派”表示赞赏，罗塞蒂和他的伙伴们终于引来了关注，但他们一点儿也不开心，因为等待他们的是如潮的恶评，他们的作品被谴责为令人不快、令人作呕、丑陋难看的。

大概是这些批评与谴责令罗塞蒂十分受伤，从19世纪50年代中期起，他决定不再公开展出画作，还对售卖艺术品的做法大加嘲讽。他说：**“做一名艺术家和做一个妓女，在依赖个人的奇思怪想这一点上并无二致。”**

“奥菲利娅”之死

约翰·埃弗里特·米莱斯是罗塞蒂的同学，作为“拉斐尔前派”青年画家中年龄最小且最具才华的一个，他在10岁时就获得过艺术协会颁发的银质奖章，18岁那年则获得了金奖。1852年，23岁的米莱斯在追求艺术的道路上更进了一步——这一年，他取材于《哈姆雷特》的油画作品《奥菲利娅》在学院画展上展出时引起了轰动。米莱斯因此一举成名，成了画坛人人皆知的画家。

不过，即使米莱斯才华横溢，要画成一幅杰作也并不容易。1851年，为使《奥菲利娅》的创作更真实生动（他画的是纯洁善良的奥菲利娅漂浮在一条小溪上死去的情景），米莱斯把他的模特请来，让她穿着衣服躺在装满水的浴缸里，为保持浴缸的水温，他还特意在浴缸下布置了几盏灯。可是在作画的过程中，那几盏灯熄灭了，模特伊丽莎白·西德尔在冷水中浸泡了数个小时，结果得了重感冒。因此可以说，《奥菲利娅》的成功，敬业的模特伊丽莎白也有着巨大功劳。

不过，伊丽莎白并非米莱斯的专属模特，这个来自伦敦下层社会的绝色美女几乎吸引了“拉斐尔前派”的所有成员。她为他们当模特，也向他们学习绘画，最后她和他们中的一人产生了爱情——他就是罗塞蒂。

伊丽莎白的绝世美貌带给了罗塞蒂无穷灵感，罗塞蒂为她写了许多诗歌，也以她为模特画了许多画。在罗塞蒂眼中，伊丽莎白就是爱与美的化身，她的美貌与气质，她的优雅与恬静，在《沃提考迪亚的维纳斯》一画中展露无遗。

罗塞蒂无疑是爱伊丽莎白的，他有着诗人的浪漫天性，却不够专一。他一边爱着伊丽莎白，一边却左顾右盼，留意着别的美女，迟迟不肯给伊丽莎白以许诺，直到有一次患有肺结核的伊丽莎白病情猛烈发作，罗塞蒂才从差点失去她的惊恐中意识到这个女人对自己有多重要。

1860 年，罗塞蒂在他 32 岁这年娶了伊丽莎白，可是多病的伊丽莎白红颜薄命。结婚一年后，伊丽莎白产下死胎，身心受到严重损害，她开始大量服用鸦片酊以寻求安慰。1863 年，因服用过量鸦片酊，这个可怜的女子年纪轻轻就香消玉殒了。

伊丽莎白的死被判定为意外，但也有流言称她是自杀，据说她临终前写下遗书，称："我的人生太悲惨了，我不想再继续活下去。"

伊丽莎白和罗塞蒂之间发生了什么？后人不得而知。

妻子的死令罗塞蒂自责，也令他万分悲伤。罗塞蒂悔恨生前陪伴妻子的时光太少，在妻子死后，他将他的诗作放在亡妻的身边，随她一同埋进了泥土。

伊丽莎白的过世对罗塞蒂打击很大，他日渐消沉。此时，"拉斐尔前派"早已解散，罗塞蒂的画风也从"P.R.B"中解脱出来，开始转向唯美和感伤。在伊丽莎白去世数年后，罗塞蒂以所罗门的《雅歌》为素材，画下了思念亡妻的《我的爱人》。

《雅歌》中有这样的诗句：

我的爱人你甚美丽你甚美丽，你的眼好比鸽子眼……

我的爱人在女子中好比百合花在荆棘内……

求你们给我葡萄干增补我力，给我苹果畅快我心，因我思爱成病……

罗塞蒂病得很深，经常需要靠酒精和毒品来麻醉自己。他整日沉浸在无尽的怅惘和幻想中，还将亡妻想象为但丁所爱恋的女子碧翠丝，创作了许多作品。《但丁之梦》就是其中之一。

《但丁之梦》创作于 1871 年，描绘了但丁在梦中被爱神领到碧翠丝的病榻前见她临终一面的场景。面对即将永远离自己而去的心爱之人，但丁却不能亲近她，只能让身穿红衣的爱神代为献上最后一吻。罗塞蒂将但丁的茫然无助和伤心凄怆描绘得十分感人，然而画中的但丁又岂止是但丁·阿利基耶里，分明还是他自己——但丁·加布里埃尔·罗塞蒂。

墓穴里的诗与画中的情人

罗塞蒂曾写过一首诗叫《短暂的时光》：

短暂的时光短暂的爱，

时辰还为你我保留着，

不知我们的天是否还亮着?
我俩还没有把帘子拉开。
你仅仅在白昼最后的叹息中,
感到你的灵魂正把它延长,
而我已听见夜风的哀恸,
我知道它是在替我吟唱
……

罗塞蒂《碧翠丝》

正如罗塞蒂诗中所言，时光太短暂，爱情太短暂，他沉浸在亡妻的悲痛中，有很长一段时间难以自拔。伊丽莎白亡故后，有一段时间，伤心的罗塞蒂搬离伦敦，住进了一所具有都铎风格的老屋里。这里有一座很大的花园，罗塞蒂从各处收集来奇异的动物——袋鼠、袋熊、瘤牛、变色龙、鼹鼠、土拨鼠、旱獭、日本大蝾螈、鹦鹉、渡鸦……花园变成了动物园，这些动物成了罗塞蒂排遣寂寞的伴侣，带给了他许多欢乐时光。

时间是治愈伤痛的良药，或许罗塞蒂没有将伊丽莎白遗忘，但至少他已不再那么悲伤。最好的证明是 1870 年，在伊丽莎白亡故的第 7 个年头，罗塞蒂掘开坟墓，将他的诗稿挖了出来，并集结出版，名为《生命殿堂》。此后不久，罗塞蒂的生命殿堂里就有了新的女主人。

她叫简·莫里斯，也是个美人儿，长着迷人的眼睛、性感的嘴唇，拥有浓密的长发、圆润修长的脖颈。据说罗塞蒂爱上简·莫里斯是因为她与伊丽莎白长得十分相像，他把简当成了伊丽莎白的替身。从罗塞蒂的绘画看，这两位美人儿的确长得颇为相似。

爱情本没有错，错就错在和罗塞蒂陷入热恋之前，简·莫里斯已经嫁为人妇，而她的丈夫不是别人，正是罗塞蒂的好友兼追随者——威廉·莫里斯。威廉·莫里斯也是诗人和艺术家，比罗塞蒂小 6 岁，后来和他在牛津学习时的同学伯恩·琼斯一起成为罗塞蒂的学生。莫里斯在艺术史上也是个响当当的人物，主要贡献是主张复兴英国的手工劳动，工业艺术作坊就是在他的倡议之下创办的。

简·莫里斯和威廉·莫里斯已育有两个孩子，但这挡不住她对新的爱情的向往与追求。她没有与威廉·莫里斯决裂、光明正大地嫁给罗塞蒂，而是成了罗塞蒂的情妇。对此，威廉·莫里斯竟然能容忍。

有了新恋情后，罗塞蒂的创作热情又被激发了，他以简·莫里斯为模特，创作了许多“美人图”。罗塞蒂热爱美人儿，他的画中主角几乎都是美人儿，如《大海之歌》《白日梦》等，在他的笔下，简·莫里斯犹如天上的女神，散发出典雅、优美、高贵的气质。

但新的恋情见不得光，也注定难以长久。简·莫里斯就像酒精和毒品一样，她不在身边的日子里，罗塞蒂伴随着痛苦的空虚寂寥又会发作。他发病多年的失眠症更重了，开始依赖水合氯醛。这种药物吃多了容易恶心，罗塞蒂渐渐开始用威士忌下药，结果引发了精神疾病。

四十几岁对一般人来说正当壮年，罗塞蒂的身体却在这个年纪日渐衰弱。他继续写诗，继续画画，却饱受被害妄想症折磨之苦，一度企图自杀，但自杀未遂。这种凄苦的岁月又持续了 10 年之久。1882 年 4 月，这个有着传奇一生且充满悲情色彩的诗人兼画家终于告别痛苦，在肯特郡一所疗养中心病故。

罗塞蒂去世后，他的作品曾举办过两次纪念展。在接下来的岁月里，他和许多流行一时的艺术家一样沉寂下来，逐渐被世人淡忘，直到 20 世纪后期，这位“拉斐尔前派”的重要代表画家又渐渐浮出水面，他的作品再次受到了人们的喜爱。

爱打官司的唯美主义大师
——惠司勒

画家：詹姆斯·阿博特·麦克尼尔·惠司勒（James Abbott McNeill Whistler，1834—1903）

国籍：美国

代表作：《蓝色与银色的夜曲》

类型：油画

艺术风格：拉斐尔前派

落选者沙龙上的《白衣少女》

1863年，一年一度的法国官方沙龙如期在香榭丽舍大道的万国博览会举办，举办方共收到了5000幅推荐作品，但其中的3000幅都被评委淘汰了，留下的多为中规中矩符合学院派审美标准的画作。学院派的泥古不化激起了落选艺术家的强烈不满。为调和艺术家与官方沙龙的矛盾，法兰西第二帝国皇帝拿破仑三世为笼络民心进行了积极调停，最终学院派同意为落选的3000件作品单做一次展览，由此有了西方艺术史上著名的“落选者沙龙”。

在此次“落选者沙龙”展中，有两个画家因其画作的独创性受到了格外关注：一位是绘画题材被谴责为离经叛道的印象派鼻祖马奈（他那幅备受指责的作品为《草地上的午餐》），另一位则是来自美国后来却定居英国伦敦的唯美主义绘画大师詹姆斯·麦克尼尔·惠司勒。

惠司勒是美国人，出生于美国马萨诸塞州，父亲是一位铁路工程师。由于父亲的工作关系，惠司勒一家总是搬来搬去。8 岁那年，他们举家迁到了俄国彼得堡，因为老惠司勒受沙皇之聘，要帮助俄国人修建一条从圣彼得堡通向莫斯科的铁路。惠司勒从小喜爱绘画，在圣彼得堡时就已经开始学画，他在俄国待了 7 年之久。15 岁时，父亲因霍乱病逝，母亲安娜·麦克尼尔带着她的两个孩子回到美国，惠司勒的绘画学习只得暂告一个段落。

17 岁时，惠司勒被送进了西点军校。他母亲是个虔诚的圣公会教徒，她认为学习绘画费用昂贵、前途未卜，而且对神不敬，考虑到他们家的军事背景，她认为儿子继承丈夫遗志更为妥当。但惠司勒在军校的表现不甚理想，唯有素描课成绩差强人意，加上他纪律松弛，不久就被西点军校斥退了。

事实证明，惠司勒离开西点军校是正确的，因为他的兴趣只在绘画上，除了绘画，他根本不适合干别的工作。离开西点军校后，惠司勒曾在地图处当过绘图员，可他竟然将每一张经他之手的地图空白处画满了奇形怪状的人头和动物，这令他的上司怒发冲冠且哭笑不得。等待惠司勒的只有一个结果，那就是被辞退。

第二年，惠司勒不顾母亲反对离开美国，只身前往欧洲追求他的艺术理想。

离开母亲的惠司勒像一只自由的风筝，在巴黎和伦敦两地跑来跑去。他曾在格莱尔的画室学习素描和油画，曾热切地追逐法国现实主

惠司勒《白衣少女》

义大师库尔贝的步伐，和莫奈等印象派画家也有交集，还曾以热情洋溢的姿态出现在英国“拉斐尔前派”领袖人物罗塞蒂身边的小圈子里。

最终，惠司勒发现了自己的艺术，一种可以与音乐产生共鸣的交响曲绘画。

《白衣少女》就是惠司勒用颜色奏出的众多“交响曲”中较早的一曲。这幅肖像画创作于1862年，画中，一个身穿白色长裙的美丽女子左手拿着一朵白色百合，站在室内一张展开的戴着狼头的狼皮上，狼眼圆睁，狼嘴咧开，露出森森白牙。

习惯于对绘画内容追根溯源、寻找其中的故事或寓意的人，忍不住要过分解读这幅画的意义。有的评论家说，《白衣少女》中的白百合象征贞洁，而躺在地毯上的狼头则象征贞洁的失去。更有甚者，认为《白衣少女》画的是英国小说家威尔基·柯林斯的新作《白衣女人》中的人物，还因此指责惠司勒画得一点也不像——这真是天大的误解。

对于人们的种种揣测与误会，惠司勒生气地强调道：**“我根本无意给威尔基·柯林斯先生的小说画插图，我的画只是一个穿着白色衣服站在白色窗帘前的女孩。”**

我们应当相信惠司勒对自己作品的解释，因为追求艺术的独立性正是惠司勒毕生的创作理念。他曾说：**“艺术应该远离一切虚情假意——艺术应该是独立的，它只受到眼睛或耳朵带来的艺术感的吸引，而不会和其他与之无关的感情混在一起，比如忠诚、同情、爱、爱国，诸如此类。”**

《白衣少女》（后来被命名为《白色交响曲，第1号：白衣少女》）画的就是一个穿白衣的少女，正如所有人从这幅画中所见到的那样。在创作这幅画时，惠司勒给一个朋友写信说：**“一个穿着漂亮的白色长**

裙的女人，靠着通过透明白纱窗过滤光线的窗户，但是这个身影从右边接受到强烈的光线。因此，除了红色的头发，这幅画就是一大团绚丽的白色。”

上述这段话也是对惠司勒创作理念的有力佐证——他画的只是自己眼睛所观察到的，并没有其他深刻的含义。不过，融合了惠司勒崭新绘画理念的《白衣少女》起初并不被人们所接受，它先是被英国皇家艺术协会拒之门外，接着又在送交 1863 年的法国官方沙龙时落选。最后，它终于得以在“落选者沙龙”上亮相，并被摆放在一个十分显眼的位置。学院派评审团将这幅画视为最糟糕的作品之一，他们将它放在显眼的位置上，是为了替自己最初的判断辩护，以向观众证明他们在官方沙龙展出时将 3000 幅作品拒之门外的做法是多么正确。不承想此举恰恰成全了惠司勒，使得他这幅画风“粗犷”、以现代人物为表现内容的新颖画作引起了广泛关注。

《白衣少女》得到了莫奈、库尔贝、大诗人波德莱尔等人的交口称赞，惠司勒也由此收获了不小的名声。

经典的母亲

在创作时，比起绘画的主题，惠司勒更为看重的是绘画的色彩与形式。在他看来，绘画就是一场色调的演奏，因此不论是风景画还是肖像画，他都颇喜欢用交响曲、变奏曲、协奏曲等音乐性的名称来为自己的绘画命名，如《黄与金的和谐：金色女孩科尼·基尔克里斯特》《蓝色和金色的和谐：蓝色小女孩》等。而在惠司勒所有用色彩演奏的具有音乐性的绘画中，最为著名的当数《灰色与黑色的协奏曲：艺术家的母亲》。

这幅画创作于 1871 年，当时因美国爆发南北战争，惠司勒的母亲安娜·麦克尼尔前往伦敦投奔儿子。母亲的到来结束了惠司勒通宵达旦沉浸于威士忌酒会、与女模特厮混的日子，不过有母亲为他打理画室、设家宴招待朋友，对惠司勒来说也不失为另一种享受。

一天，因模特没有如约出现在画室，惠司勒突发奇想，便邀请母亲当他的模特。为让母亲长时间配合他作画，他让母亲坐在一把有靠背的椅子上，还在她脚下放了一张脚凳。那天，画家的母亲穿着一件日常的黑色长裙，头上戴着一顶有蕾丝边的白色帽子。惠司勒用黑色、灰色和白色三种单一的色调谱成了母亲的肖像画，画中的母亲侧身坐着，显得温柔而高贵。

和惠司勒的其他作品一样，在创作这幅母亲的肖像画时，惠司勒注重的只是形式，并无意掺杂和艺术无关的感情。有意思的是，到了 20 世纪，美国著名的艺术史家、纽约现代艺术博物馆首任馆长却在美国经济大萧条时期将《灰色与黑色的协奏曲：艺术家的母亲》请到美国，并对这幅画进行了积极的宣传。这幅画在美国 12 个城市巡回展出，并在此后数十年中出现在宣传战争债券的海报上，出现在《新闻周刊》和《纽约客》的封面上，画家的母亲俨然成了偶像。倘若惠司勒还在世，不知他会作何感想？

一场著名的官司

19 世纪 70 年代，惠司勒迎来了创作的高峰期，他的作品大胆而反传统，最初具有唯美主义风格，后来则完全走向了具有他个人特质的自由创作。但其中有一幅作品似乎自由过了头，以至于当时在英国艺术圈举足轻重的约翰·罗斯金在看到这幅画后对它厌恶至极，忍不住在一篇评论文章中讥讽道：**“我万万没想到，就凭把一桶油彩倒在公众的脸上，一个花花公子能够索要200基尼。”**——这幅画就是《灰与金的小夜曲：散落的烟火》。

约翰·罗斯金是英国著名的艺术评论家，自身也是画家，比惠斯特年长15岁，他学识渊博，曾任牛津大学艺术系教授，大文豪奥斯卡·王尔德就曾因仰慕他而成为他的学生。作为英国人眼中“美的使者”，被罗斯金尖刻讽刺与抨击过的艺术家不在少数，当时年近六旬的罗斯金怎么也没想到，他这次却因一句批评被告上了法庭。惠司勒向法庭起诉，控告罗斯金诽谤罪。

艺术家与艺术评论家之间的这场官司引起了一场旷日持久的艺术大辩论，陪审团找来许多艺术家与批评家，让他们就绘画的目的和美的意义展开了辩论。罗斯金的辩护律师在得知惠司勒创作《灰与金的小夜曲：散落的烟火》一画才花了两天时间后质问道：“两天就完成的画，你竟然索要200基尼？”惠司勒却机智地反击道：“不，我索要这笔钱是为了我毕生的学识。”

最终，这场官司以喜剧的方式收了尾：罗斯金被判诽谤罪成立，不过他只需支付惠司勒四分之一便士的赔偿金，远远不及惠司勒为打这场官司所耗费的诉讼费。为此，罗斯金和惠司勒两人一时成了人们茶余饭后的谈资。

不过，惠司勒不只对罗斯金一个人有意见，他狂放不羁、天性好斗，很难与人保持长久的友谊，即便在他晚年名声日盛时也依然如此。他曾与奥斯卡·王尔德成为好友，但不久就因嫉妒王尔德的才能对他

惠司勒《灰与金的小夜曲：散落的烟火》

发起了攻击；他还曾和一位他之前的学生闹上法庭，并让他的赞助人出庭作证。

1903 年 7 月 17 日，惠司勒终于停止了争斗，但也停止了创作——他的生命走到了尽头。他的作品被后世归为唯美主义风格，但事实上，很难用当时的哪种风格来归纳他的艺术。